新近捐赠文物展” 展厅

摄影/东东

Contents

P30

主　　办：上海博物馆

主　　任：杨志刚

责任编辑：王　媛

美术编辑：盛　况

地　　址：上海人民大道201号（编辑部）

邮　　编：200003

E-mail：shhwb@shanghai-museum.org

电　　话：021-63723500

出版发行：上海辞书出版社（www.cishu.com.cn）

地　　址：上海市闵行区号景路159弄B座

邮　　编：201101

E-mail：cishu@online.sh.cn

电　　话：021-53201888

印　　制：上海丽佳制版印刷有限公司

定　　价：36元

出　　版：2022年10月11日

启　事

本论丛自2002年9月首发，迄今读者反映良好。为更好地结合现代网络科技，满足更多读者之需求，拟将本刊内容在上海博物馆网站作网上传播。为维护撰稿者的权益，免生著作权之纠纷，特此告知：凡应本刊之邀撰稿者或向本刊投稿经采用者，有不愿同时上网传播的，请事先声明。

图书在版编目（CIP）数据

上海文博论丛．第52辑／上海博物馆主编．－上海：上海辞书出版社，2022

ISBN 978-7-5326-5944-9

Ⅰ．①上…　Ⅱ．①上…　Ⅲ．①文物工作－上海－文集②博物馆－工作－上海－文集　Ⅳ．①G269.275.1-53

中国版本图书馆CIP数据核字（2022）第149820号

主题与专栏

文博笔会 wenbobihui

新闻与发现

文物新视野 wenwuxinshiye

文明与交流

亚洲人文 yazhourenwen

江南史地 jiangnanshidi

P10

探索与分析

科技园地 kejiyuandi

书籍评论 shujipinglun

P41

Contents

Science and Technology

Book Review

Front cover: Bronze *You* with the God-face pattern from the State of E

Inside front cover: Gallery view of the exhibition "Treasures Homecoming: the Recent Gift of Chinese Cultural Relics from Mr. Henk Nieuwenhuys"

Inside back cover: Calligraphy Museum and Nezu Museum (By Wei Yang)

Back cover: Ivory Pagoda, Gift from Mr. Henk Nieuwenhuys, Qing Dynasty

目次

トピックス

ニュース

発見

文化財の新しい視点

上海博物館蔵「思惟菩薩」金銅坐像は、右手を頬に当てて思惟状にしていることから名付けられた。仏像の特徴によると、一部の外国学者は、このような様式を如意輪観音像と指定しった。本稿では、この像の台座の底部の构造と、似たような像との関連性から、像が置かれた環境と位置を推定し、これによって、このような像と初唐時代の西方浄土題材の像との関係を検討する。

中国の神話や伝説によると、竜は空を飛び、地を遁る能力があり、吉慶、祥瑞の意味を持っている。帝国時代には、竜は政治秩序と権力のシンボルとされた。中国の竜は儀礼的で政治的な特徴を持っているため、民族精神の主流を承認された、国家統一と中華民族共同体の形成のために基礎を筑いた。西洋の神話と伝説の中で、竜は狰猛な怪獣と邪悪な象徴であるため、西洋世界はずっと「竜退治」の伝統が流行している。キリスト教の興隆とともに、竜は悪魔の化身として描かれ、聖職者は英雄である。竜神話には异なる意味と地位は、中国の竜と西洋の竜の最も本質的な違いである。

文明

アジア人文

江南昔話

中国における伝統的な社会の家風家訓を宣伝するテマは倫理道徳が永久にな主題で、その主旨は「人倫を敍ずる」「聯宗族」である。江南地域でいえば、自然環境と自体の文化的伝統のため、その家風家訓は独自のを持っている。江南地域の日に日に豊かで繁栄した商業の雰囲気の下で、江南文化は実用的で理性的な特徴を形成し、江南家風の家訓は尚実に重用する特色を形成した。

探求

エンタメ

書評

俄罗斯民族的精神家园

——凭吊莫斯科新圣女公墓有感

The spiritual home of Russia: upon the visit to Novodevichy Cemetery

撰文/林梅村

2014年夏的俄罗斯之行收获巨大，我曾为此撰写《特列季亚科夫画廊和俄罗斯博物馆读画记》，该文刊于《上海文博论丛》2014年第3期。除了欣赏名画，对我个人来说，感触最深的还有凭吊莫斯科郊外的新圣女公墓，特为此撰文以纪念苏联卫国战争胜利75周年。

1524年，莫斯科大公国瓦西里三世为纪念斯摩棱斯克城摆脱立陶宛统治修建了一所新圣女修道院（图1），新圣女公墓即得名于这座修道院。直至19世纪中叶，这座修道院一直是修女们修身养性之地，不过，这些修女非同寻常，贵为皇亲国戚或出自王室宫闱。在风云多变的宫廷纷争中，她们或看破红尘，或被逼无奈，不得不来到这里。换言之，这所修道院实乃俄罗斯皇家“第一女子监狱”。为了赶上欧洲文明的步伐，彼得大帝曾挑战数百年的无知与孤立，推动社会变革，将数百万俄罗斯人拖离黑暗时代。他战胜北方瑞典人，夺得芬兰湾，定都圣彼得堡，并以此为桥头堡，开启了俄罗斯与欧洲文明的直接对话与交流。彼得大帝的改革并非一帆风顺，首

图1 莫斯科新圣女修道院

先遭到同父异母姐姐索菲亚公主的强烈反对。1698年，彼得大帝对索菲亚公主发动的叛乱异常愤怒，在修道院索菲亚住所的窗前，绞死了她手下195名射击军叛党，并将他们的头颅挂在修道院的红墙雉堞上。索菲亚公主被贬为修女，终生囚禁于此。19世纪俄罗斯巡回展览画派大师列宾的名作《索菲亚公主》，描绘的就是这位俄罗斯公主沦为新圣女修道院阶下囚的情景（图2）。她的尸骨葬在了这所修道院斯摩棱斯克大礼拜堂南墙之下。这所修道院亦可谓俄罗斯的“公主坟”。据斯摩棱斯克大礼拜堂历史陈列展介绍，彼得大帝的第一位夫人叶芙朵基雅·洛普欣娜、公主伊万娜、公主叶列娜、公爵夫人乌丽扬娜，以及格罗兹尼大儿子的遗孀等皆终老于此，尸骨亦葬于修道院内。

1898年，新圣女修道院红墙外始建新圣女公墓，第一位下葬者是俄罗斯大文豪契诃夫，后来这里逐渐成为俄罗斯知识分子和社会精英的最后归宿。不同的是，皇亲国戚葬于新圣女修道院红墙内，社会贤达则长眠于修道院红墙外公共墓地（图3）。

这座公共墓地占地约7.5公顷，据说有26000多位俄罗斯文学家、哲学家、音乐家、画家、诗人、科学家、政治家、军人、宇航员、表演艺术家、电影明星在此安息，故亦称“莫斯科名人墓地”。这些名人墓前多立有艺术家创作的大理石墓碑或青铜雕像，它们巧夺天工，美轮美奂，公墓俨然是座展示俄罗斯历史文化、科学艺术的露天博物馆。如男高音歌唱家索比诺夫去世后，女雕塑家穆希娜为他设计的墓碑独具匠心，在大理石上精心雕琢了一只垂死的白天鹅（图4），用美丽的白天鹅作为索比诺夫灵魂的化身，凭吊者无不为之动容。在俄罗斯人心目中，公墓不是告别生命的地狱，而是重新解读人生、净化心灵的圣殿。千秋功罪，任人评说。在此，我挑选30余座名人墓略作

图2 列宾《索菲亚公主》（特列季亚科夫画廊藏）

图3 新圣女公墓红墙

图4 歌唱家索比诺夫之墓

点评，与大家分享凭吊新圣女公墓的感想。

政治明星

苏联时代的国家最高领导人或军方统帅死后一般葬于莫斯科红场列宁墓后边克里姆林宫红墙下，不过，也有的葬在莫斯科郊外的新圣女公墓，如曾任苏共中央第一书记、苏联部长会议主席的赫鲁晓夫，以及许多苏联政坛的要员。

1956年，赫鲁晓夫在苏共第二十次代表大会中发表“秘密报告”，对苏联前领导人斯大林进行全面清算，引发了东欧社会主义阵营一系列“骚乱”。赫鲁晓夫在任期内实施去斯大林化政策，为苏联“肃反”运动中2000万受害者平反，令人窒息的意识形态管控亦获松动。斯大林只为大科学家和高级知识分子盖过一些高档住宅，而赫鲁晓夫则盖了许多简易楼，俗称“赫鲁晓夫楼”，短时间内解决了苏联普通百姓的燃眉之急。

1964年10月，赫鲁晓夫结束与印尼总统苏加诺的会谈后，飞往黑海之滨休假。勃列日涅夫等借机在克里姆林宫发难，迫使赫鲁晓夫退休，赫鲁晓夫从此淡出政坛。1971年9月11日，赫鲁晓夫去世，被葬于新圣女公墓。赫鲁晓夫去世时，苏联各大报刊在报道中有意不突出他的名字。不料，苏联百姓却自发地前往新圣女公墓举行大规模瞻仰活动。赫鲁晓夫墓前鲜花堆积如山，搞得勃列日涅夫不知所措，竟然下令关闭公墓。

图5 赫鲁晓夫之墓

赫鲁晓夫是矿工之子，当过放牛娃，没上过几天学，却对艺术家指手画脚。他痛骂现代派雕塑家涅伊兹韦斯内伊，把他的作品说得一钱不值，评为“一头毛驴用尾巴也能比这画得好”。令人始料不及的是，赫鲁晓夫却在弥留之际嘱咐家人，希望涅伊兹韦斯内伊为他设计墓碑。这位雕塑家不计前嫌，慨然接受请求，用黑白两色大理石组成不规则图形，象征生与死、昼与夜、功与过、善与恶，绝妙地点破了赫鲁晓夫的精彩人生。据说最初的设计并无头像，但赫鲁晓夫遗孀尼娜提出墓碑上没有雕像不合适，涅伊兹维斯特内只得在最后的设计上增加了一尊赫鲁晓夫青铜头像（图5）。

凡读过中共党史的人，一定知道米高扬。1949年初，他秘密访问中共中央所在地西柏坡，之后也多次访华。1895年11月25日，米高扬出生于俄属亚美尼亚萨纳因村一个木匠家庭。1915年，他以优异成绩从中学毕业，到埃奇米阿津一所学院进修，同年加入俄国社会民主工党布尔什维克派，不久成为高加索革命运动领袖。1919年秋天，他前往莫斯科汇报巴库工作情况，见到列宁和斯大林，不久成为全俄中央执行委员会委员。从1946年起，米高扬在苏共中央担任要职。1955年，他支持赫鲁晓夫上台，升任苏联部长会议第一副主席。一朝天子一朝臣，赫鲁晓夫下台后，他改任最高苏维埃主席团主席这一礼节性职务。虽然他在1966年4月被排除在苏共主席团之外，但仍为中央委员会委员。1978年，米高扬逝世后也没葬在克里姆林宫红墙下，而是葬在了新圣女公墓。米高扬墓碑立有一尊佩戴功勋章的青铜半身像（图6），象征着这位政治家生前功勋卓著。

葛罗米柯可谓五朝元老。作为苏联第一线

图6 米高扬之墓

外交官，他经历了斯大林、马林科夫、赫鲁晓夫、勃列日涅夫，乃至安德罗波夫时代。戈尔巴乔夫经他力荐，才当上苏共中央总书记。葛罗米柯担任苏联外交部长达27年之久，历经无数政治风波。他对自己的国家和人民尽忠尽职，在错综复杂、变幻无穷的国际政治舞台上，表现出过人的政治智慧，而对手则认为他老奸巨猾。1989年7月2日，葛罗米柯去世后安葬在新圣女公墓。他的大理石墓碑上的阴阳脸雕塑（图7），生动地刻画了这个政坛不倒翁的鲜明特征。

叶利钦是当代俄罗斯政坛一位毁誉参半的政治人物。1985年12月，他出任苏共莫斯科市委第一书记，1991年苏联解体，叶利钦被推选为俄联邦第一任总统。叶利钦主政期间采用“休克疗法”，导致俄罗斯经济濒临崩溃。事实证明，这个做法以及他实施的一系列国策颇有问题。叶利钦最重要的政治遗产，就是1999年推举普京为接班人。2007年4月23日，叶利钦因心脏病在莫斯科突然逝世。在他逝世一周年之际，普京对这位前总统做出中肯评价。他在叶利钦墓碑揭幕式上说：“我们失去鲍里斯·叶利钦已经一年了。作为俄罗斯首任总统、20世纪最卓越的政治家之一，他不仅从根本上影响了我们国家的发展，也影响了世界历史的发展，这样说毫不夸张。汹涌澎湃的20世纪90年代是剧烈变革的时代，是属于勇敢、不平凡的人的时代，是属于善于逆流而上、引领大众奔向新目标的人的时代，鲍里斯·叶利钦当之无愧地为一代杰出人物。”1991年，超级大国苏联解体，叶利钦是重要推手之一。故雕塑家在叶利钦墓上雕琢了一面飘扬的俄罗斯国旗，象征着墓主人既是苏联的掘墓人，也是俄罗斯联邦的创立者（图8）。

这次俄罗斯之行，我在新圣女公墓也看到了王明及夫人孟庆树墓。王明是安徽金寨人，原名陈绍禹。1925年加入中国共产党，早年留学苏联。1927年初回国后任中共中央宣传部秘书、

图7 葛罗米柯之墓

图8 叶利钦之墓

图9 王明之墓

《向导》编辑等。大革命失败后又去苏联，1929年回国。由于共产国际代表米夫的支持，1931年1月在中共六届四中全会上被选为中央委员、中央政治局委员，后来担任中共中央政治局委员、长江局书记等职务。经中共中央同意，1956年1月30日，王明带全家老小乘飞机赴莫斯科治病，从此一去不返。晚年留居苏联，化名“马马维奇”。1974年3月27日，王明病逝于莫斯科，成为在新圣女公墓下葬的第一个中国人（图9）。王明夫人孟庆树不愿与夫君合葬，死后在王明墓对面单独建了一座墓。生前不得家人原谅，死后不能落叶归根，人生之悲哀莫大于此。

文学家

俄罗斯文学是人类共有的一笔精神财富。中国人了解俄罗斯人的精神世界的方式之一就是阅读俄国小说，从列夫·托尔斯泰到索尔仁尼琴。予生也晚，最初接触的俄罗斯文学并非大文豪列夫·托尔斯泰等人的名著，而是奥斯特洛夫斯基的小说《钢铁是怎样炼成的》。

奥斯特洛夫斯基出生于乌克兰一个平民家庭，父亲在1877年俄土战争中当过炮兵。因家境贫寒，他11岁便开始当童工，15岁上战场，16岁身受重伤，25岁身体瘫痪，导致双目失明。26岁开始写小说，年仅32岁便英年早逝，葬于新圣女公墓。奥斯特洛夫斯基墓碑上的青铜浮雕别具一格，作家一只手放在书稿上，饱受疾病折磨的身体微微抬起，眼睛凝视着远方。墓碑下端雕刻着伴随他大半生的军帽和马刀，流苏下垂，碑上有作家的亲笔签名（图10）。奥斯特洛夫斯基代表作《钢铁是怎样炼成的》出版后，一石激起千层浪，激励了20世纪苏联和中国几代读者。小说主人公保尔·柯察金在家乡烈士墓前有一段独白，豪情万丈，至今震撼人心。他说：

人最宝贵的东西是生命。这生命，人只能得到一次。人的一生应当这样度过：当他回忆往事的时候，他不至于因为虚度年华而悔恨，也不至于因为过去的碌碌无为而羞愧；在临死的时候，他能够说：“我的整个生命和全部精力，都已经献给了世界上最壮丽的事业——为人类的解放事业而进行的斗争。”

公墓的首位下葬者、俄罗斯大文豪契诃夫被誉为“世界短篇小说之王”，一生创作了七八百篇中短篇小说。他善于从日常生活中发现具有典型意义的人和事，通过幽默可笑的情节进行艺术概括，塑造典型形象，以此反映当时的俄国社会现实。有评论家称，他的小说再现了小人物的不幸和软弱，劳动人民的悲惨生活和小市民的庸俗猥琐。契诃夫生前告诫世人要知足，珍惜生活。他说：“要是你的手指头扎了一根刺，那你应当高兴地说，挺好，多亏这根刺儿没扎在眼睛里。……如果你心爱的人背叛了你，你应该感到万分庆幸，庆幸她背叛的是你，而不是你的祖国。”（《生活是美好的》）1904年7月2日，契诃夫在德国巴登维勒与世长辞。他的遗体被运回莫斯科后，安葬在新落成的新圣女公墓里（图11）。契诃夫墓的周围用黑铁艺盘成围栏，白色墓碑上插了三支笔，顶部有金属护坡。

图10 奥斯特洛夫斯基之墓

图11 契诃夫之墓

契诃夫墓毗邻俄罗斯另一位大文豪果戈里的墓（图12）。尼古莱·瓦西里耶维奇·果戈里·亚诺夫斯基虽然只活了43岁，却留下了《死魂灵》《钦差大臣》等文学巨著，成为近代俄罗斯最伟大的语言艺术家。果戈里擅长描绘生活，讽刺社会又不失幽默，并将现实和幻想结合，被誉为“俄罗斯的狄更斯”。1852年，果戈里去世后，最初葬在莫斯科丹尼洛夫修道院，1931年，苏联开展反宗教运动，丹尼洛夫修道院公墓被废除，大部分名人的遗骸被迁往莫斯科郊外的新圣女公墓。那年夏天，迁葬开棺时令人大惊失色，果戈里头骨不翼而飞！此事立即被上报给斯大林。这桩盗墓案长期以来被列为国家机密，直到戈

图12 果戈里之墓

尔巴乔夫执政时，克格勃档案才部分解密。解密的丹尼洛夫修道院修士审讯记录使真相大白：早在1909年，作家的颅骨就失窃了。1909年，在果戈里诞辰100周年前夕，修道院对作家陵墓进行修缮。这时，莫斯科戏剧家、收藏家、百万富翁巴赫鲁金不约而至。此人醉心收藏，成功收购过数以千计的稀世珍宝。他说服修士们，出高价让盗墓人偷出果戈里的头骨。1929年巴赫鲁金去世，随着他的逝世，头骨的保存地点也永远不为世人所知，所以迁葬新圣女公墓的果戈里遗骸依旧没有他本人的头颅，只有《死魂灵》作者不死的灵魂。

法捷耶夫因创作《青年近卫军》一举成名，这是一部爱国主义英雄史诗。从20世纪30年代起，法捷耶夫就是苏联文学界的领导人物，先后出任苏联作协主席团成员、作协书记、作协总书记兼主席。他还是苏共中央委员会委员、最高苏维埃代表、世界和平理事会副主席，多次率团出席国际会议，1949年曾率作家代表团来华访问。在斯大林时代，他无论是创作活动，还是政治生涯，皆一帆风顺。法捷耶夫对斯大林的虔诚到了迷信的地步，以为“肃反”运动是秘密警察头子叶若夫及其接替者贝利亚瞒着斯大林干的，深信斯大林一旦得知真相一定会制止。赫鲁晓夫发动清算斯大林运动，令法捷耶夫痛心不已，终日借酒浇愁，三个月后自杀身亡。法捷耶夫有一封致苏共中央的遗书，但赫鲁晓夫等人矢口否认遗书的存在。直到1990年，这封遗书才公之于世。遗书中法捷耶夫发泄了强烈不满。他说：

> 我终生为之献身的艺术已被自负而又无知的党的领导人所扼杀，现已无法挽救。……那些靠伟大列宁学说起家的暴发户们使我彻底丧失信心。即使他们以列宁学说发誓，也使我难以信任，因为他们可能比暴君斯大林干出更坏的事来。斯大林还多少有点知识，而这些人根本不学无术。作为作家，我的生命已失去

图13 法捷耶夫之墓

任何意义。在生活中我遇到的是卑鄙、谎言、欺骗与诽谤，因此我犹如从邪恶中渴望得到解脱那样乐于结束人生。……请把我埋葬在我母亲墓旁。

由于法捷耶夫遗书被刻意隐瞒，他请求埋在母亲墓旁的愿望未能得到尊重，死后仍葬于新圣女公墓（图13）。法捷耶夫墓碑上有一尊白色大理石头像，紧锁眉头、怒目而视，惟妙惟肖地展示了作家临终前愤世嫉俗的心态。

女中豪杰

我们这一代人小时候都读过《卓娅和舒拉的故事》，故事的主人公之一是苏联卫国战争中涌现出来的女英雄卓娅·科斯莫杰扬斯卡娅。1923年，卓娅出生于唐波夫州一个名叫“山杨小林”的村子，父母都是教师。1930年5月，卓娅一家迁居到莫斯科。1938年，父亲在“肃反”运动中莫名其妙地失踪。卓娅曾读到一本介绍国内战争时期女英雄的故事，这位名叫丹娘的女英雄在白匪军面前英勇不屈，最后壮烈牺牲，这位女英雄形象在卓娅心目中永志不忘。

1941年6月，德军入侵苏联，卓娅与一批热血青年潜入敌后。同年11月16日，德军向莫斯科发动第二次进攻，莫斯科城内可听到隆隆炮声。11月底，卓娅在莫斯科以西86公里处的彼得里谢沃村焚烧德军马厩时不幸被捕，受尽折磨也不肯吐露半点秘密，年仅18岁的卓娅被德军活活绞死。斯大林得知卓娅牺牲后，亲自签署了一道特别命令：苏联红军绝对不允许接受杀害卓娅的德军第197步兵师第332团任何官兵投降，一旦抓到该团士兵，格杀勿论。在苏联红军全线反攻时，“为卓娅报仇！”就是战场上最响亮的口号。战后，卓娅被安葬在新圣女公墓。卓娅被绞死前，德军不仅强暴了她，还在她牺牲后用军刀残忍地割去了她的一只乳房。卓娅墓碑上的青铜雕像，显然模仿了18世纪法国画家德拉克洛瓦在油画《自由引导人民》中创作的圣女贞德像。卓娅左手紧缚身后，衣衫褴褛，裸露胸

图14 卓娅之墓

膛，双腿微曲，昂首挺胸（图14），成功塑造了她视死如归的大无畏英雄形象。

斯大林第二任妻子娜杰日达·阿莉鲁耶娃·斯大林娜也葬在新圣女公墓，她的墓碑前立有一尊汉白玉头像，美丽而纯洁，表情忧郁，象征着她洁白无瑕的短暂人生。她是斯大林老战友的女儿，亦为格鲁吉亚人，小名娜佳（意为希望）。1919年，不满18岁的娜佳不顾亲人激烈反对，与39岁的斯大林结婚。她随斯大林上过前线，在列宁办公室当过机要秘书，后来进入工业学院学习化学纤维工艺。娜佳颇知民间疾苦，与列宁夫人克鲁普斯卡娅是好朋友，政治见解接近。婚后，她为斯大林生育了一儿一女，不过由于政见不合，两人矛盾逐渐激化，生活并不幸福。1932年，娜佳自杀，至于自杀原因，众说纷纭，至今仍是不解之谜。城门失火，殃及池鱼。一些痛恨斯大林的人，把怨气撒到他妻子的身上，甚至砸破了娜佳汉白玉头像的鼻子。仔细观察不难发

图15 娜杰日达之墓

图16 赖莎之墓

现，现在的鼻尖是后补的（图15）。整个墓碑也被透明玻璃罩保护起来。

苏共最后一任总书记戈尔巴乔夫的夫人赖莎·戈尔巴乔娃也葬在新圣女公墓。据说她是苏联外交部长葛罗米柯的外甥女，与戈尔巴乔夫相识于求学时期。当年，他们一同在莫斯科州立大学攻读社会学。1953年毕业后两人结婚，迁居戈尔巴乔夫在南俄罗斯的家乡斯塔夫罗波尔。赖莎在当地一所学校教授马列主义哲学。1985年，苏共总书记契尔年科逝世；同年5月11日，戈尔巴乔夫当选为苏共最年轻的总书记。赖莎遂放弃教席，转而在幕后当起丈夫的私人顾问。她是苏联首位走向公众的第一夫人，与丈夫一起应对变幻莫测的国际政治风云。她深厚的学识、高贵的仪态、典雅的谈吐，不仅赢得了西方世界的敬重，而且为新一代苏联女性树立了典范。苏联解体后，赖莎随同丈夫在新闻头条上淡出。当她被诊断出患上白血病后，再次获得公众关注。她借助于传媒，筹款兴建儿童白血病医院。西方国家经常邀请戈尔巴乔夫出国演讲，她亦随同丈夫周游世界。1999年9月20日，赖莎在德国一所医院病逝。俄罗斯总统叶利钦立即派飞机把她的遗体接回国，灵柩移送新圣女公墓安葬。赖莎墓地上有一尊亭亭玉立的青春少女铜像，铜像并非依据她本人形象塑造。戈尔巴乔夫深爱自己的妻子，特意用这样的方式来怀念妻子，象征着她青春永驻（图16）。铜像旁边的空地据说是戈尔巴乔夫为自己预留的墓地。

艺术家

在俄罗斯的众多艺术领域中，斯坦尼斯拉夫斯基演剧体系对中国现代表演艺术影响最大。其创立者康斯坦丁·斯坦尼斯拉夫斯基1863年1月5日出生在莫斯科一个富商家庭，1938年8月7日卒于莫斯科，遗体葬于新圣女公墓（图17）。1877年，他在家庭业余剧团舞台开始演员生涯；1885年，取艺名斯坦尼斯拉夫斯基。1888年末，他与莫斯科一些文艺界名流创办艺术文学协会及附属剧团，逐渐完成了从业余演员向专业演员的过渡。

早在19世纪末，模仿东方异国情调就开始成为俄罗斯演员追求的一种时尚，年轻的斯坦尼斯拉夫斯基亦不例外。1887年，斯坦尼斯拉夫斯基家庭剧团在排演喜歌剧《日本天皇》时，通过学习日本人执扇的各种姿势，进行了近乎程式化的形体训练。后来，他在建立自己的表演体系时，为了找到演员控制感情的机制，专门研究了潜意识，为此他转向印度古代哲学，研究能够使人控制自己意识的秘传技能。斯坦尼斯拉夫斯基表演体系在中国博得梅兰芳等戏曲大师的高度评价，并对中国戏剧的发展产生了深远影响。斯坦尼斯拉夫斯基花费整整30年时光写了《演员的自我修养》一书，并用了几乎一辈子的时间去修改它。早在20世纪30年代，斯坦尼斯拉夫斯基的大作就被介绍到中国并相继出版。

俄罗斯大导演邦达尔丘克是家喻户晓的世界级大明星。1920年，他出生于别洛焦卡尔。1948年，大导演格拉西莫夫挑选了一些得意门生——电影学院在校生主演电影《青年近卫军》。邦达尔丘克在影片中扮演了他的第一个角色瓦立卡。1959年，他导演并主演了第一部影片——《一个人的遭遇》。此后一发不可收，先后导演或主演了《奥赛罗》《战争与和平》《滑铁卢战役》等许多享誉世界的经典电影，并获得过美国奥斯卡最佳外语片奖。20世纪90年代初，邦达尔丘克与一家意大利公司签订合同，合作拍摄肖洛霍夫的不朽之作《静静的顿河》，邦达尔丘克本人亲自担任导演。1993年4月，拍摄工作业已完成，邦达尔丘克本应开始剪辑，可是他却与意大利制片方陷入了长达19个月的交涉。他请求制片方提供后续资金以完成后期制作，意大利人却背着他满世界兜售这部半成品。1994年10月，心力交瘁的邦达尔丘克准备召开新闻发布会，试图化解自己与制片方的矛盾纠葛，可是一切都来得太晚了，10月20日，他病逝于莫斯科。这位大明星最终葬在莫斯科郊外的新圣女公墓（图18）。

俄罗斯作曲家肖斯塔科维奇是世界音乐史上的一位传奇人物。1906年9月25日，他出生于圣彼得堡，1919—1925年，在彼得堡音乐学院学习钢琴与作曲，并以创作《第一交响曲》而一举成名。代表作《第七交响曲》是1941年卫国战争爆发后1个月开始写作的，仅用3个多月便完成，大部分总谱是在战火纷飞的列宁格勒（今圣彼得堡）完成的，故亦称《列宁格勒交响曲》。肖斯塔科维奇墓碑上刻写的乐谱就是这部伟大的交响乐的乐章片段（图19）。

1941年7月10日—1944年8月9日，德国人将列宁格勒围困了三年零一个月。在这1100多天的时间里，列宁格勒军民共牺牲了90万人。1942年8月9日，德国人认为列宁格勒已唾手可得，德军司令部甚至为他们的军官分发了在列宁格勒阿斯托里亚大酒店参加庆功宴的请柬。不过，那一天酒店并没举行德国人的庆功宴，取而代之的是苏联大作曲家肖斯塔科维奇《第七交响曲》的

图17 斯坦尼斯拉夫斯基之墓

图18 邦达尔丘克之墓

图19 肖斯塔科维奇之墓

首场演出。当时，列宁格勒广播乐团只剩下指挥和15名团员，他们克服重重困难，在全市征集临时乐手，空军为乐团运来了总谱。为了使演出正常进行，苏军先以强大而密集的火力将敌炮打哑，随后这部表现愤怒与反抗的交响乐巨作，便在战火声中奏响。音乐如山洪暴发一样淹没了整个城市，人们从街上、从掩体里、从住所里聚集到广播喇叭前，倾听英雄的乐章。震撼人心的《第七交响曲》，响彻阴霾密布的列宁格勒城上空，支撑苏联人民战斗到最后一刻。

为了鼓舞全世界反法西斯斗士的信心，《第七交响曲》总谱还被拍摄成微型胶片，由军用飞机经伊朗、北非、南美，送抵美国举办大型音乐会。这次音乐会盛况空前，由全美广播公司和南美成百家广播电台同时转播，影响波及整个西半球。仅1942—1943年一个年度，肖斯塔科维奇这部交响曲就在美国演出了62场。在列宁格勒保卫战中，肖斯塔科维奇是一名消防员，他头戴消防帽的大照片刊登在美国《时代周刊》封面上（图20）。

图20 美国《时代周刊》封面上的肖斯塔科维奇像

1943年，肖斯塔科维奇创作了《第八交响曲》，这是一部悲剧交响乐，旨在“表现人民的体验，反映战争的可怖悲剧”。墙内开花墙外香。这部交响曲在欧美各国倍受推崇，好评如潮，但苏联音乐界却反响冷淡。美国舆论界对这部新交响曲评价甚高，1945年，全美国为富兰克林·罗斯福总统逝世致哀时，演奏了《第八交响曲》第一乐章，因而在苏联引起了一轮对肖斯塔科维奇作品的质疑和批评。直至1947年，在布拉格之春国际音乐节上，这部作品再获好评才算了结。1975年，这位20世纪以来世界上最有成就的音乐家在莫斯科去世。如今，肖斯塔科维奇平静地躺在新圣女公墓一个不起眼的角落里。尽管墓碑上只有几个简单的音符，但这位天才音乐家用交响乐铸造了几代俄罗斯人的灵魂，而音乐家的灵魂亦在自己创作的永恒乐曲中得到永生。

和许多公墓不同，新圣女公墓不带政治色彩。不是冤家不聚头，当年勃列日涅夫联合波德戈尔内将赫鲁晓夫赶下台，而波德戈尔内墓就在赫鲁晓夫墓附近。苏联许多“持不同政见者”死后亦安葬于此，如俄罗斯大提琴家罗斯特洛波维奇。1970年10月31日，他写信给《真理报》声援被流放的诺贝尔文学奖获得者索尔仁尼琴，因此被禁止演出。于是他带着妻儿老小逃离苏联，到处流浪，最后定居美国。1978年，罗斯

图21 罗斯特洛波维奇之墓

特洛波维奇被剥夺苏联国籍，1990年1月才恢复俄罗斯国籍。

罗斯特洛波维奇出生于阿塞拜疆巴库市一个音乐之家，四岁发蒙，学弹钢琴，七岁随父亲学大提琴。1940年十三岁时首次作为大提琴家举办音乐会。1943年入莫斯科音乐学院学大提琴和作曲。二十岁获布拉格世界青年联欢节一等奖，1950年在布拉格国际大提琴比赛中再次获得第一名。此后一发不可收，常到国外巡回演出，从而赢得世界声誉。1956年起任莫斯科音乐学院教授，1968年首次以指挥家身份在莫斯科大剧院指挥柴可夫斯基谱曲的歌剧《叶普根尼·奥涅金》。他一生获得无数荣誉：大英帝国荣誉骑士勋章、法国文化与艺术十字勋章、希腊凤凰勋章、联邦德国优异服务大十字勋章等。2007年4月27日，罗斯特洛波维奇在莫斯科逝世，两天后一代巨星在新圣女公墓安葬。罗斯特洛波维奇的墓碑画龙点睛，在白色大理石上刻了一个抽象化的大提琴（图21）。

绘画大师和收藏家

列维坦是俄罗斯杰出的现实主义风景画大师，也是19世纪俄罗斯巡回展览画派的成员之一。1860年8月18日，他出生于立陶宛基巴尔塔一个犹太家庭，1900年7月22日卒于莫斯科。列维坦的作品极富诗意，深刻而真实地表现了俄罗斯大自然的特点与多方面的优美。他的写生画独到之处是：用笔洗练、综合广泛、情感充沛，描绘了大自然的状态以及各种精神感受的千变万化，富有沉思、忧郁的特性。列维坦因积劳成疾，一度赴意大利、瑞士和法国考察和疗养，接触到法国正在兴起的印象主义外光画法，这对他画风的改变有一定影响。在《白桦林》中，列维坦尝试描绘阳光照在桦树林中的光感和空气感，具有鲜明的印象派画风（图22）。

列维坦英年早逝，只活了39岁，终身未婚，人生凄凉，死后葬于新圣女公墓（图23）。然而，他的风景画概括和开拓了社会生活的各种题材，大胆探索人生哲理，不但富有时代气息，而且有浓厚的生活特征。此前任何一位俄罗斯风景画家都没有达到列维坦这样的深度，没有这样有个性地表现人的心灵与大自然之间的联系。当列维坦的毕业作在巡回展览画派展览会上展出时，大收藏家特列季亚科夫以重金购买了他的毕业创作。从此列维坦大显身手，以风景画家身份在俄罗斯画坛平步青云。

苏联解体后，经济濒临崩溃，莫斯科政府对新圣女公墓的拨款亦捉襟见肘。一些俄罗斯新贵趁机向公墓提出捐赠巨款，以期换取死后入葬新圣女公墓的“门票”。此举遭到俄罗斯人民的强烈反对，他们绝不允许用金钱玷污这片净土。新圣女公墓内唯一的商人是特列季亚科夫，不过，他并非以商人身份“入场”，而是以收藏家的身份获得“入场券”的（图24）。他的墓碑上的花岗岩半身雕像根据的是巡回展览画派大师列宾为其创作的肖像作品（图25）。

图22 列维坦《白桦林》（特列季亚科夫画廊藏）

图23 列维坦之墓

图24 特列季亚科夫之墓

图25 列宾《特列季亚科夫肖像》（特列季亚科夫画廊藏）

特列季亚科夫作为一名成功商人和艺术品收藏家，因经营商店和亚麻纺织厂发家致富，并成为巡回展览画派画家的主要赞助人和保护人。1851年，特列季亚科夫家族在莫斯科河南岸市

图26 列维坦《永恒的寂静》（特列季亚科夫画廊藏）

区拉夫鲁申斯基巷买了一幢房子，这幢房子后来用作画廊。1881年私人画廊对外开放，免费供人参观。经过不断修缮和扩展，这个画廊逐渐发展成颇具规模的艺术博物馆。

特列季亚科夫画廊的藏品都经过严格筛选，随着画廊声名鹊起，一些画家以自己的作品能够入藏这座画廊作为最大的荣耀。1898年11月特列季亚科夫在圣彼得堡买下了列维坦的名作《永恒的寂静》，这是他生前购买的最后一件艺术品（图26）。1892年，特列季亚科夫兄弟倾其所有，将全部藏画悉数捐献给莫斯科市，这个私人画廊从此成为国家博物馆。1902年，由巡回展览画派大师瓦斯涅佐夫设计，依照俄罗斯童话形式在克里姆林宫南面建成新馆。20世纪博物馆继续扩大，逐渐将周围建筑包括进去，甚至包括了17世纪的建筑圣尼古拉教堂。以后又在克里姆斯基大道建分馆，以收藏当代绘画。其他一些博物馆、陈列馆和许多私人藏品也合并到画廊里来。如今，特列季亚科夫画廊收藏有近6万件艺术品，从而构成世界上规模最大的俄罗斯绘画艺术博物馆。我们今天能够在特列季亚科夫画廊集中欣赏19世纪俄罗斯绘画大师的名作，首先要感谢这位俄罗斯大收藏家。

科学家

在俄罗斯科学家当中，飞机设计师图波列夫是一位传奇人物。他生前为苏联科学院院士、空军中将、图波列夫设计局创始人，领导的飞机设计局推出了许多世界驰名的飞机，尤其是图系列飞机。图波列夫墓碑上刻有他设计的图系列飞机青铜浮雕（图27）。天有不测风云。1937年，图波列夫在“肃反”运动中被控告向德国泄漏设计图、卖国、叛变，结果被判了无期徒刑，身陷囹圄。他的研究计划被迫搁浅，而他本人被迫为克格勃第29研究局工作，与其他被关押的工程师一起研制双引擎俯冲轰炸机，世界领先的图-2型飞机就这样横空出世。

图27 图波列夫之墓

直到1941年苏联卫国战争爆发后，图波列夫才获释放。1943年12月，斯大林亲自召见图波列夫，据说还向图波列夫当面道歉，这是斯大林唯一一次向“肃反”运动的受害者道歉。图波列夫之所以受到如此高的礼遇，是因为在那个物质和知识极度贫乏的年代，他独立完成了图-154飞机的全部设计工作。即便在计算机技术如此发达的今天，对需要大量人力物力才能完成的复杂飞机设计而言，一个人想完成一架飞机的全部设计，简直不可思议。图波列夫另一经典之作是图-104。图-104采用两个喷气式发动机，1955年6月17日首航成功，比美国第一架喷气式客机波音-707早了一个月，率先将世界民航业带入“喷气式”时代。为了显示超级大国地位，1959年9月赫鲁晓夫首次访问美国，就乘坐图-104直飞纽约。图-104也有一些空难记录。1958年10月17日，一架图-104在苏联楚瓦什共和国境内失事，飞机上包括中国文化部副部长郑振铎先生在内的80人不幸遇难。

彼得罗夫斯基是著名数学家、苏联科学院院士，1951—1973年执教于莫斯科大学，并长期担任莫斯科大学校长。值得一提的是，1954年10月，彼得罗夫斯基曾经以莫斯科大学校长身份访问过北京大学。彼得罗夫斯基以证明n=2时极限环的个数不超过3而闻名于国际学术界。他死后葬在新圣女公墓，这道数学难题便刻在了他的墓碑上（图28）。

图28 彼得罗夫斯基之墓

图29 米高扬之墓

米高扬是世界著名战机——米格战斗机的设计者，他的墓碑朴实无华，一架穿入云霄的米格战斗机表达了米高扬一生的追求与梦想（图29）。1905年8月5日，米高扬生于亚美尼亚。童年时代当过放羊娃，青少年时代在第比利斯和顿河罗斯托夫求学，后来参加红军。米高扬家族出了两个大人物，一个是他，另一个是他哥哥——苏联部长会议第一副主席米高扬。1931年，他离开连队进入儒柯夫斯基空军工程学院学习。在学院学习时，米高扬和三位同学设计了一种小型体育运动飞机，重量只有250公斤，这项设计使这位未来飞机设计师初露锋芒。毕业后，他到一家航空工厂当军代表，该厂设计室是当时苏联唯一的歼击机研制中心。1937年，米高扬调到这里工作，正式开始飞机设计生涯，不久，一跃成为这个设计室的第二把手，并逐渐成长为米格系列战斗机的主要设计者。

苏联有9个主要的飞机设计局。当年有人向斯大林建议，由米高扬来领导新成立的飞机设计局。斯大林听后先是一愣:“什么?阿纳斯塔斯(即苏联部长会议第一副主席米高扬)的兄弟?!”最后他首肯了这项人事安排,于是,这个新单位被命名为“米高扬设计局”。长期以来,米高扬一直与飞机设计大师格列维奇合作研究,米格战斗机之名就来自两人名字中第一个字头“米”和“格”。他们为苏联空军设计了无数款优秀战机,其中,米格战斗机成为中国歼系列战机主要模仿对象。

图31 谢洛夫《夏里亚宾》(特列季亚科夫画廊藏)

昨夜星光灿烂

在新圣女公墓成千上万座名人墓中,男低音歌唱家夏里亚宾之墓无疑是最绚丽的一道风景线。墓碑上的白色大理石人物雕像栩栩如生,歌唱家靠坐在沙发里,一手搭在扶手上,一手插在坎肩里,头略微上扬,神情专注,仿佛沉醉在音乐中(图30)。关于这位世界低音歌王,中国人最熟悉的就是他那首《伏尔加船夫曲》。据说夏里亚宾抑扬顿挫的歌声曾经让托尔斯泰感动得热泪盈眶,不仅如此,他低沉的嗓音还震撼了整个世界。

有人说夏里亚宾的墓上大理石雕像根据的是巡回展览画派大师列宾为他画的一幅肖像。其实,这个雕塑依据的是列宾关门弟子谢洛夫画的一幅夏里亚宾肖像(图31),这幅作品现藏莫斯科特列季亚科夫画廊。

图30 夏里亚宾之墓

1873年,夏里亚宾出生在俄罗斯喀山一个农民家庭。他从未受过正规音乐教育,却有一副天生的好嗓子。1892—1893年,他在第比利斯向声乐专家乌萨托夫学声乐,主攻意大利美声唱法,同时也研究俄罗斯民歌技巧,在圣彼得堡马林斯基剧院成功地饰演了许多角色。1894年,他先在圣彼得堡参加皇家歌剧团,后来赴莫斯科加入马蒙托夫歌剧团。1899年进入莫斯科大剧院，1901年抵达米兰演出，首次在斯卡拉歌剧院登台，开始享誉全球。此间，他结识了卡鲁索和许多具有国际影响力的歌唱家和艺术家，同时世界也认识了夏里亚宾。1907年，他登临纽约大都会歌剧院舞台，与卡鲁索联袂演出歌剧《浮士德》，给观众奉献了一部堪称典范的作品。1913—1914年，夏里亚宾在伦敦演出歌剧。十月革命后，应好友高尔基的邀请重返俄国，开始担任圣彼得堡马林斯基剧院的艺术指导，仍坚持登台演唱。此间，他获得了"苏联人民歌唱家"的称号。然而，就是这样一位伟大的歌手，生前却受到苏联激进分子迫害而不得不流亡海外。

夏里亚宾出道以来，春风得意，一帆风顺，但1927年发生的一事却改变了一切。旅居巴黎期间，夏里亚宾在俄罗斯教堂里看见两个衣衫褴褛的俄罗斯妇女带着几名残疾儿童正在行乞。他心中非常难过，通过一位神父向当地俄罗斯人捐款5000法郎。不料，这一善举竟酿成大祸。那位神父在巴黎一家俄国侨民报上发表文章表达对捐款人的谢意。苏联驻巴黎使馆人员却不这样理解，他们向莫斯科发了一份有关此事的秘密电报，说歌唱家资助、投靠反革命……夏里亚宾的"苏联人民歌唱家"荣誉称号甚至被取消。夏里亚宾被彻底激怒了，他甚至赌气说："我连骨头也不能埋在这个国家。"不过，在夏里亚宾去世46年后，这位不朽的歌唱艺术家的遗骸从巴黎迁葬至新圣女公墓，他终于回到了祖国母亲的怀抱。

俄罗斯最负盛名的一代芭蕾舞皇后乌兰诺娃，堪称古典芭蕾艺术最高成就的代表之一。1910年1月10日，她生于圣彼得堡一个舞蹈演员家庭；1919—1928年在列宁格勒舞蹈学校学习，启蒙老师是她的母亲和瓦加诺娃。毕业后，她先后在基洛夫歌剧舞剧院芭蕾舞团和莫斯科大剧院芭蕾舞团任主要演员，相继在《天鹅湖》《泪泉》《罗密欧与朱丽叶》等芭蕾舞剧中担任女主角。乌兰诺娃在艺术巅峰时期曾来华演出，她优美的舞姿、精湛的表演，在舞台艺术极度贫乏的中国引起巨大轰动。著名诗人艾青曾有感而发，特意为她写过一首诗《给乌兰诺娃》。1960年12月23日，乌兰诺娃以《肖邦组曲》作为告别演出。1962年退休后，仍然从事芭蕾舞教学工作。1998年3月21日，在莫斯科病逝，安葬在新圣女公墓。乌兰诺娃墓前立有一尊大理石浮雕（图32），她身穿优雅的白天鹅短裙翩翩起舞，舞蹈家高贵、典雅的气质表现得淋漓尽致，"不是天上的仙女，却是人间的女神"（《给乌兰诺娃》）。

苏联女歌手柳德米拉·济金娜素有"伏尔加女王"之称，她演出的剧目有2000多首浪漫曲，唱片发行量达600万张！1949年，因母亲去世而受到刺激，济金娜一度失声，不得不退出合唱团，在第一模范印刷厂工作，直至嗓音恢复。20世纪50年代，她曾来华访问，在北京人民大会堂举办过专场演出会。她演唱的《茫茫大草原》《雪啊！雪花》《白桦树》《伏尔加河长流水》等

图32 乌兰诺娃之墓

图33 济金娜之墓

俄罗斯民歌在中国受到热烈欢迎，广为流传。

济金娜是一个时代的象征，她的崇拜者数以百万。在60多年的歌唱生涯中，她的歌声不仅征服了俄罗斯人，而且成功地征服了整个世界，包括英国披头士乐队。印度总理尼赫鲁、甘地夫人，法国总统戴高乐等世界政要纷纷盛赞她的艺术成就。柳德米拉·济金娜的墓碑是一尊女歌手全身铜像（图33）。正如作曲家肖斯塔科维奇所言，她“不仅是一位才华横溢的演绎者，还是作曲家的共同作者、共同创造者”。

古尔琴珂是一位乌克兰女电影明星，1935年11月12日生于哈尔科夫，1958年毕业于苏联国立电影学院。在学院学习期间，古尔琴珂因主演梁赞诺夫执导的影片《狂欢之夜》而一举成名。随后几年，她参加拍摄了多部音乐喜剧、歌剧影片和电视剧，如《弹吉他的姑娘》《草帽》《两个人的车站》等。1974年，她在特列古勃维奇执导的影片《旧墙》中饰演女厂长，这个角色是她创作生涯的一个转折点，说明她善于通过塑造具有独特个性的角色来表现俄罗斯女性的典型特征。古尔琴珂的白色大理石墓碑（图34）就像一幅画、一首歌，充满了艺术之美。

1966—1967年，吉洪诺夫在大导演邦达尔丘克执导的《战争与和平》中出演保尔康斯基公爵，这成为他演艺生涯的一个里程碑，从此奠定了他在世界影视业的霸主地位。1928年2月8日，吉洪诺夫生于莫斯科州巴甫洛夫斯基·珀萨德，1950年毕业于苏联国立电影学院。吉洪诺夫一生获得无数荣誉，包括“苏联人民演员”“社会主义劳动英雄”等，还主演了家喻户晓的《青年近卫军》《白比姆黑耳朵》等电影。他主演的《春天的十七个瞬间》，在世界影坛上开创了一个电视连续剧样式。这部电视连续剧播出后，立即在世界各地引起极大反响，吉洪诺夫也因此成了人们耳熟能详的大明星，被称为“俄罗斯版007”。2009年12月4日，俄罗斯电影工作者协会宣布吉洪诺夫在莫斯科中央医院病逝，享年81

图34 古尔琴珂之墓

岁。在吉洪诺夫葬礼上，有红场礼兵守卫，而对外情报局特工为他抬灵；公祭仪式后，安葬于新圣女公墓。吉洪诺夫墓前立有一尊真人大小的全身青铜雕像（图35）可供后人瞻仰这位苏联明星的风采。

1921年12月18日，尼库林生于莫斯科，五岁时父母带他看了一场马戏表演后，他就喜欢上了这门艺术，尤其钟情小丑角色。苏联卫国战争结束后，尼库林入读演艺学校。1946年，考入彩色林荫路莫斯科马戏团小丑班，毕业后给苏联著名小丑卡郎达什当过两年助手。1950年，尼库林和妻子塔吉亚娜开始与表演艺术家舒伊金搭档合演丑角节目，渐渐小有名气。此后他以马戏团为家，持续工作长达50年，从一个最低等的串场小丑最终成长为马戏团首席执行官，1982年起出任莫斯科马戏团总经理和艺术总监。在马戏团工作期间，尼库林不断推陈出新，启用了大量新人，使小丑行业人才辈出。

尼库林在电影界也建树颇丰，拍过许多电影，以扮演喜剧角色而很快成为家喻户晓的电影明星。1997年8月21日，尼库林在莫斯科去世，享年75岁。去世当天，俄罗斯总统叶利钦亲自在电视台公布这一噩耗，同时宣布将为他举行为期两天的遗体告别仪式，之后还在新圣女公墓为他举行国葬。失去了尼库林，我们的世界顿时显得枯燥乏味。好在艺术家为尼库林墓设计了一组特别的青铜雕像，一代马戏大师尼库林坐在台阶上，手指夹着香烟，仿佛在幕间休息；衣服甩在一旁的石阶上，忠实的爱犬守护在主人面前（图36）。这组青铜雕像位居新圣女公墓中央区域，为这座星光灿烂的俄罗斯名人墓地增添了又一处风景。

图35 吉洪诺夫之墓

图36 尼库林之墓

除莫斯科新圣女公墓外，还有许多出类拔萃之辈安葬在了圣彼得堡亚历山大·涅夫斯基修道院（图37），如俄罗斯大军事家苏沃洛夫就葬在这所修道院的报喜大教堂内。1710年，为了纪念亚历山大·涅夫斯基战胜瑞典人，彼得大帝在涅瓦大街东侧兴建了这座修道院。

有趣的是，亚历山大·涅夫斯基修道院将科学家和艺术家分别葬在不同区域：东边的季赫温墓地安葬艺术家，如作曲家

图37 圣彼得堡亚历山大·涅夫斯基修道院

格林卡、柴可夫斯基（图38）、鲍罗廷、穆索尔斯基，钢琴家鲁宾斯坦，作家陀思妥耶夫斯基、克雷洛夫、茹可夫斯基、卡拉姆金，画家克拉姆斯柯依、布鲁尼、库因芝、希施金、谢洛夫等人；西边的拉扎列夫墓地则安葬科学家，如世界著名化学家门捷列夫，俄国科学院通讯院士比丘林，俄罗斯科学之父罗蒙诺索夫，建筑师沃罗尼欣、扎哈罗夫、罗西等人。不知什么原因，俄罗斯第一美女——普希金遗孀娜塔利娅·冈察罗娃也安葬在拉扎列夫墓地（图39）。

在亚历山大·涅夫斯基修道院公墓，每块墓碑，每座雕像，仿佛都在述说着一段精彩的人生故事，或揭开一页波澜壮阔的历史篇章。如果说这座俄罗斯名人墓地有什么特点，那就是这里几乎没什么政治人物，大理石墓碑和青铜雕塑似乎显得更为精美。与莫斯科郊外新圣女公墓相比，这个科学家和艺术家的安魂之所，少了几分政治上的纷争与喧嚣，多了几分艺术上的超脱与宁静。

2019年12月25日于京城蓝旗营寓所

图38 柴可夫斯基之墓

图39 娜塔利娅·冈察罗娃墓前的普希金夫妇青铜像

上海博物馆藏“思维菩萨”金铜造像辨析

A discriminative study of the Contemplative-Bodhisattva statue collected in the Shanghai Museum

撰文／师若予

上海博物馆藏“思维菩萨”金铜造像因右手托颊作思维状而得名，也有国外学者根据造像特征将此类样式定名为如意轮观音像(1)。本文依据此件造像台座底部的结构，以及与相似造像的关联，来探讨它与初唐时期的西方净土题材造像的关系。

图1 上海博物馆藏“思维菩萨”像正面及背面

一　上海博物馆藏“思维菩萨”金铜造像的尊格辨析

上海博物馆收藏有一尊唐代金铜菩萨造像（图1），高11厘米。此像头束高发髻，头发分成两股披于双肩，发梢微曲。耳后束发用缯带打结，左侧缯带自肩部下垂至左前臂（部分缺失），右侧缯带只留存菩萨右手所持的一段。头部右倾，下颌微含，双眼半睁注视下方。颈部有三道弦纹。胸前佩戴项饰，自项饰近左肩处垂下一条璎珞，下垂至胸腹间的部分缺失，经过左手后绕至两腿前方，再从右侧绕到身后，向上连接于头颈后部的项饰上。上身斜披细条状络腋，手臂上戴臂钏，手腕上戴手镯，披帛自身后绕过两臂后垂于身体

(1)［韩］朴亨国：《如意輪観音像の成立と展開》，《佛教艺術》第262号，2002年。

两侧。下身穿裙，腰间束绦带。左手按于左大腿上，右手作思维状，故此造像习惯上称为“思维菩萨”。双腿盘曲，右腿压左腿上，跣足。身下有圆形台座。

此像采用失蜡法铸造。身下的圆形台座上宽下窄，台座正面细密的波纹正是先刻于蜡模之上再翻铸而成，波纹中残留有鎏金（图2），背面无纹饰。台座底部中空，正中有一长条状横档，当中有一圆孔（图3），正对圆孔的底座内壁有一凹坑。上海博物馆藏另一件唐代“思维菩萨”像的莲花底座正中也有一个圆形插孔（图4）。四川博物院藏有一件万佛寺遗址出土的唐代砂岩质地造像残件（图5），其上残存五身小菩萨，其台座造型与上海博物馆藏“思维菩萨”像的台座相同，且在每个台座下方伸出一条茎杆。此砂岩残件侧面及背后浮雕有山岳图案。

阿弥陀佛五十菩萨是一种初唐时流行的与阿弥陀净土有关的佛教艺术题材。此题材表现为主尊阿弥陀佛结说法印，坐于莲座上，两侧为观音、大势至两菩萨，在主尊及两位胁侍菩萨的四

图2 上海博物馆藏“思维菩萨”像台座正面波纹细部

图3 上海博物馆藏“思维菩萨”像台座底部

图4 上海博物馆藏另一件“思维菩萨”像正面及台座底部

图5 四川博物院藏万佛寺遗址出土的唐代造像残件正面及侧面

周还分布着五十身左右坐于莲台上的小菩萨，这些小菩萨的莲台通过莲茎与主尊的莲座联系在一起。在部分初唐时期的阿弥陀佛五十菩萨及受其影响的日本阿弥陀净土题材的背景中表现有山岳纹样。文物实例有绵阳碧水寺第19龛、敦煌莫高窟332窟东壁南侧壁画、日本法隆寺金堂第6号壁画等处。在阿弥陀净土中表现山岳可能与初唐时期流行的《佛说十往生阿弥陀佛国经》有关(2)。上文提到的四川博物院藏万佛寺遗址出土的唐代砂岩质地造像残件上雕刻有多身坐于带茎莲台上的小菩萨，以及背景中表现山岳纹样等，也是以上数例初唐时期阿弥陀佛五十菩萨题材的特征。所以这件唐代砂岩质地造像残件应该是某件初唐时期阿弥陀佛五十菩萨造像的一部分。值得注意的是，这件残件正面雕刻多尊小菩萨，右侧和背面雕刻山岳纹，表明该残件所属的阿弥陀佛五十菩萨是一件砂岩质地的圆雕造像。目前已知的阿弥陀佛五十菩萨都是以壁画和石刻浮雕的形式表现的，因此这件砂岩质地单体圆雕阿弥陀佛五十菩萨造像残件对于研究这一题材多样化的表现形式来说显得非常重要。

在初唐时期的阿弥陀佛五十菩萨壁画或造像中就有与上海博物馆藏“思维菩萨”金铜造像类似的盘腿作思维状的小菩萨像。这种小菩萨像多位于观音、大势至两菩萨两侧或下方的小型带茎莲座上，且多呈镜像状对称分布（图6）。上海博物馆藏“思维菩萨”金铜造像与四川博物院藏阿弥陀佛五十菩萨造像残件上的小菩萨，两者所坐莲花台座样式一致，由此推断上海博物馆藏“思维菩萨”金铜造像可能是一整套阿弥陀佛五十菩萨造像中的一身菩萨。由铜制莲茎穿过此菩萨像莲座底部横档中心的圆孔，莲茎顶端与莲座底面内壁的凹坑结合，这样菩萨像就固定在莲茎上，再通过莲茎与整个造像连接在一起。同时造像台座前面刻画波纹表示花瓣，后面无纹饰，表明整个造像应该有背屏，或许也装饰有山岳图案。

(2) [日] 小野英二:《关于带有山景的阿弥陀佛五十菩萨像》，载于春、王婷:《绵阳龛窟：四川绵阳古代造像调查研究报告集》，文物出版社 2010 年，第 229–232 页。

图6 四川绵阳碧水寺第19龛线描图

二 上海博物馆藏

“思维菩萨”金铜造像的样式来源及年代讨论

关于阿弥陀佛五十菩萨缘起的文献记载主要有三则。其一，锲刻于梓潼卧龙山千佛崖造像第1龛外的题记。其中《阿弥陀佛并五十二菩萨传》记载：

阿弥陀佛五十菩萨像者盖西域之瑞像也传云/彼国鸡头摩寺有五通菩萨至安乐世界白阿弥/陀佛言世尊娑婆世界无世尊像今愿得之于彼/供养佛言可尔汝且前去寻遣送往菩□即还适/到娑婆其像已至有一佛五十菩萨古（各）坐莲华于/树叶上图写在菩萨前立菩萨遂取供养于是彼/国始有此瑞像焉至后汉明帝使郎中蔡愔从雪/山南悬度道而入天竺请三藏法师迦叶摩腾至/此洛州为立精舍于后有三藏姉子法师□从彼/至持此像来于此汉地始有此像其姉子法师未/盈几时还将此像而归西域记传如此尔时汉地/佛法始尔人情疏略本像复还至今此土不广流/布自魏晋以来年岁久远佛流行虑延颓毁至于/同写之迹殆欲梦闻阿弥陀佛坐千叶莲华同根/并出至大隋开皇元年明献法师言从道齐长法/师所得此一躯说其因起与本无别是已遂更图/写流布至十六年有豫州刺史郑在州尽得一躯/并本传遂将入京在真寂寺流通供养于是京师/始有斯像贞观八年七月十四日[3]。

其二，唐道宣撰《集神州三宝感通录》卷中的《隋释明宪五十菩萨像缘》记载：

阿弥陀佛五十菩萨像者。西域天竺之瑞像也。相传云。昔天竺鸡头摩寺五通菩萨。往安乐界请阿弥陀佛。娑婆众生愿生净土。无佛形像愿力莫由。请垂降许。佛言。汝且前去。寻当现彼。及菩萨还。其像已至。一佛五十菩萨各坐莲花在树叶上。菩萨取叶所在图写流布远近。汉明感梦使往祈法。便获迦叶摩腾等至洛阳。后腾姊子作沙门。持此瑞像方达此国。所在图之。未几赍像西返。而此图传不甚流广。魏晋已来年载久远。又经灭法经像湮除。此

(3) 于春、王婷：《绵阳龛窟：四川绵阳古代造像调查研究报告集》，第133—134页。

之瑞迹殆将不见。隋文开教。有沙门明宪。从高齐道长法师所得此一本。说其本起与传符焉。是以图写流布遍于宇内。时有北齐画工曹仲达者。本曹国人。善于丹青。妙尽梵迹传模西瑞。京邑所推。故今寺壁正阳皆其真范。[4]

其三，唐道世撰《法苑珠林》第十五卷记载：

隋时有阿弥陀佛五十菩萨像者。西域天竺之瑞像也。相传云。昔天竺鸡头摩寺五通菩萨。往安乐界请阿弥陀佛。娑婆众生愿生净土。无佛形像愿力莫由。请垂降许。佛言。汝且前去寻当现彼。及菩萨还其像已至。一佛五十菩萨。各坐莲花在树叶上。菩萨取叶所在图写流布远近。汉明感梦使往祈法。便获迦叶摩腾等至洛阳。后腾姊子作沙门。持此瑞像又达此国。所在图之。未几赍像西返。而此图传不甚流广。魏晋已来年载久远。又经灭法。经像漂除。此之瑞迹殄将不见。隋文帝开教。有沙门明宪。从高齐道长法师所得此一本。说其本起与传符焉。是以图写流布遍于宇内。时有北齐画工曹仲达者。本是曹国人。善于丹青妙画梵迹。传模西瑞。京邑所推。故今寺壁正阳皆其真范云。右一验出西域传纪。[5]

这三则关于阿弥陀佛五十菩萨的文献记载内容有重合，也有差异。三则文献都记载了阿弥陀佛五十菩萨为源自西域的瑞像,以及天竺鸡头摩寺的五通菩萨到安乐世界向阿弥陀佛求取此瑞像，并由汉明帝时来华传法的迦叶摩腾的外甥将此瑞像传入中国的传说。

关于隋时阿弥陀佛五十菩萨瑞像的兴起与传播，卧龙山千佛崖题记较《隋释明宪五十菩萨像缘》和《法苑珠林》第十五卷中的记载更为详细。该题记记载隋开皇元年（581）明献法师自道齐长法师处得此瑞像，并广为流传，然后开皇十六年（596）豫州刺史郑某将此图像带到长安的真寂寺，从此这种瑞像在长安流传开来。在《隋释明宪五十菩萨像缘》和《法苑珠林》第十五卷中，明献写作“明宪”，道齐长法师写作“高齐道长法师”，没有豫州刺史郑某将瑞像传入长安真寂寺的记载，却在末尾记载北齐曹仲达在都邑寺观创作西域瑞像。综合以上文献记载可知，隋开皇元年明宪法师从北齐道长法师处得到阿弥陀佛五十菩萨瑞像，并广为传播，到开皇十六年豫州刺史郑某在豫州即现在的河南省汝南县一带得到此像，并将其带到长安真寂寺[6]。

阿弥陀佛五十菩萨题材在敦煌莫高窟、龙门石窟和四川地区石窟中都有发现。此题材在敦煌和龙门主要出现在初唐时期的洞窟中。四川地区此题材分布较广，时间上从初唐到晚唐都有雕凿，中晚唐时期出现与西方净土变结合并逐渐被后者替代的情况。而梓潼卧龙山千佛崖第1龛中的阿弥陀佛五十菩萨造像，龛外造像题记中有贞观八年（634）七月十四日的纪年，是已知此类题材有明确纪年的最早一例。据此题记和四川地区的阿弥陀佛五十菩萨造像风格判断，四川的此类造像受到长安风格影响，即长安真寂寺是四川这种图像的来源[7]。此外绵阳碧水寺第19龛阿弥陀佛五十菩萨造像据相关研究认为其雕凿于贞观元年至贞观六年之间（627—632），即资助此龛开凿者令狐元规在巴西县（今绵阳）任县令的任期内。此龛可能是已知此类题材中最早的一例，其造像风格明显受到印度笈多艺术的影响[8]。

绵阳碧水寺第19龛与梓潼卧龙山千佛崖第1龛，这两龛贞观年间的造像主尊两侧的五十菩萨发髻低平，垂发披肩，发梢卷曲，头戴三珠冠，

(4)《大正新修大藏经》第五十二卷，(台北) 新文丰出版公司 1996 年，第 431 页上、中。

(5)《大正新修大藏经》第五十三卷，第 401 页上、中。

(6) [日] 冈田健：《初唐期の转法轮印阿弥陀图像についての研究》，《美术研究》第 373 号，2000 年。

(7) 王惠民：《北山 245 窟的图像与源流》，载重庆大足石刻艺术馆编《2005 年重庆大足石刻国际学术研讨会论文集》，文物出版社 2007 年，第 51—52 页；雷玉华：《巴中石窟研究》，民族出版社 2011 年，第 202—207 页。

(8) 王婷：《碧水寺与日本法隆寺一佛五十二菩萨像》，载于春、王婷：《绵阳龛窟：四川绵阳古代造像调查研究报告集》，第 217—219 页。

两耳戴耳铛，脸型圆润，形体壮硕，表现出宽肩束腰的特征（图7）。四川通江县千佛崖的阿弥陀佛龛（图8），在龛外原有唐龙朔三年（663）的造像题记[9]。此龛雕刻的是阿弥陀佛五十菩萨，其中的五十菩萨虽然多已剥蚀，但仍能看出五十菩萨头束高发髻，四肢较上面两龛贞观时期的造像细瘦，与龙门石窟敬善寺区域唐高宗时期石窟中的此类菩萨形象近似（图9）。这表明到唐高宗时期此类造像已经由贞观年间受笈多艺术影响的风格向本土风格转变。此外，上文提到的四川博物院藏成都万佛寺遗址出土阿弥陀佛五十菩萨圆雕石刻残件上的小菩萨和莲座的造型风格与通江千佛崖阿弥陀佛龛上的同类题材相近，年代可能是高宗时期。

图7 四川绵阳碧水寺第19龛32号菩萨像

图8 四川通江县千佛崖阿弥陀佛龛

图9 河南龙门第394窟正壁供养菩萨局部

(9) 陶鸣宽：《通江县的摩岩造像》，《文物参考资料》1957年第11期。

巴中南龛第116号龛阿弥陀佛五十菩萨造像的时代据相关研究推定为武周至开元初，即公元7世纪末—8世纪初[10]。据敦煌莫高窟332窟中发现的《李怀让重修莫高窟佛龛碑》可知此窟的营造年代稍早于武周圣历元年（698）[11]。日本奈良法隆寺金堂壁画据相关学者研究推定为持统期（686—697）作品，其风格深受中国武周时期佛教美术的影响[12]。有研究论证法隆寺金堂第6号壁画阿弥陀净土图（图10）与绵阳碧水寺第19龛阿弥陀佛五十菩萨造像最为接近，两者都受到长安样式的直接影响[13]。法隆寺金堂第6号壁画主尊下方作思维状的小菩萨（图11）与上海博物馆藏“思维菩萨”金铜造像，以及莫高窟332窟东壁南侧壁画上的阿弥陀佛五十菩萨图（图12）、巴中南龛第116号龛阿弥陀佛五十菩萨造像中作思维状的小菩萨（图13）都非常相似，具有高发髻、束发披肩、四肢修长、宽肩束腰的特征。可知这些特征是武周时期五十菩萨所共

图10 日本法隆寺金堂第6号壁画阿弥陀净土图

图11 日本法隆寺金堂第6号壁画线图局部

图12 甘肃敦煌莫高窟332窟东壁南侧壁画局部

(10) 雷玉华：《巴中石窟研究》，第62、65、181页。

(11) 李永宁：《敦煌莫高窟碑文录及有关问题（一）》，《敦煌研究》1982年第1期。

(12) [日] 肥田路美：《金堂壁画》，载大桥一章编《法隆寺美术论争の视点》，グラフ社1998年，第322–326页。

(13) 王婷：《碧水寺与日本法隆寺一佛五十二菩萨像》，第220–258页。

图13 四川巴中南龛第116龛局部

有的。上海博物馆藏"思维菩萨"金铜造像是典型的武周时期长安样式阿弥陀佛五十菩萨中的五十菩萨作思维状者。

作思维状的小菩萨像还见于法隆寺藏的橘夫人厨子上。橘夫人厨子须弥座背面腰板（图14）彩绘自水中生出的三枝莲花上各有一尊小菩萨，中间的一尊右手托颊作思维状，在背景上还绘有山峦。须弥座腰板正反两面的图像与厨子内部的阿弥陀三尊像以及主尊身后的背屏、下方呈莲池状的底板一起组成一个阿弥陀净土世界。此厨子须弥座四周腰板上的绘画创作于公元7世纪末—8世纪初，绘画技法和风格受到法隆寺金堂壁画的影响[14]。背面腰板描绘的莲池、山景以及坐于莲台上的小菩萨，受到法隆寺金堂第6号壁画的影响，源自初唐长安样式的阿弥陀佛五十菩萨题材。其中右手托颊作思维状的菩萨与法隆寺金堂第6号壁画上的同类题材以及上海博物馆藏"思维菩萨"金铜造像风格一致，表明武周时期的佛教艺术对日本白凤佛教艺术的影响。橘夫人厨子主尊阿弥陀佛像表现出初唐佛像样式与日本飞鸟佛像样式结合的特点。这种融合也表现在主尊背屏里的小菩萨上（图15），特别是最右侧右手托颊作思维状的小菩萨，头部仰视上方，左手横置腹前，帛带飘扬等细节不见于武周

图14 日本法隆寺藏橘夫人厨子须弥座背面腰板

图15 日本法隆寺藏橘夫人厨子主尊背屏

(14) [日] 秋山光和、辻本米三郎：《奈良の寺》第六册《法隆寺 · 玉虫厨子と橘夫人厨子》，岩波书店 1975 年，第 12—15、19—21 页。

时期的类似图像上。而飘扬的帛带，多出现在受中国南北朝佛教艺术影响的日本飞鸟时代的天人形象上。

三　上海博物馆藏“思维菩萨”金铜造像与西域瑞像

在犍陀罗佛教艺术中有一类被称为“大神变”的题材（图16），由结说法印、结跏趺坐于莲花座上的主尊佛陀和周围配置的众多小型佛、菩萨及供养者组成，属于变相图类的题材。对于此类“大神变”，相关学者有多种解读，有认为源自佛传故事中“舍卫城神变”的；有认为与《法华经》等大乘经典有关的，表现的可能是世尊放射出大光明，佛国净土为之显现的“大光明神变”。在这类“大神变”中，有些会出现左右对称的一对半跏思维菩萨像[15]。也有学者认为这种“大神变”表现的是阿弥陀净土[16]。在“大神变”的核心构成，即以结说法印、结跏趺坐于莲花座上的主尊佛陀和两胁侍菩萨组成的犍陀罗佛三尊像中，有一例石雕台座上的佉卢文铭文表明主尊佛像是阿弥陀佛，左胁侍是观音菩萨，这证明了当时印度存在阿弥陀信仰。

图16 巴基斯坦拉合尔博物馆藏莫哈默德·那利（犍陀罗）出土大神变

犍陀罗佛三尊像多表现主尊释迦佛和观音、弥勒两菩萨，也可能被借用来表现阿弥陀佛三尊像[17]。犍陀罗的“大神变”与我国的阿弥陀佛五十菩萨在图像构成上多有近似，比如从水池中生长出的莲花，以及之上的施说法印、结跏趺坐的主尊佛像，还有主尊四周小型胁侍的配置等。上文引证犍陀罗佛三尊像中有表现阿弥陀三尊者，也有学者认为“大神变”表现的是阿弥陀净土，可知“大神变”与阿弥陀佛五十菩萨关系密切。在“大神变”中出现的左右对称的小型半跏思维菩萨像，很可能是阿弥陀佛五十菩萨中左右对称的小型思维菩萨像的原型，上海博物馆藏“思维菩萨”像即属于此类。

犍陀罗艺术中的“大神变”题材，特别是“舍卫城神变”在笈多艺术中得到了进一步发展，笈多时期的“舍卫城神变”（图17）中主尊佛像施说法印、结跏趺坐于莲花座上，由主尊莲座下方生长出众多莲茎，每枝莲茎上生出一个小莲台，其上安置众多或坐或立的佛、菩萨像。其在图像构成上相较于犍陀罗的“大神变”，更接近于阿弥陀佛五十菩萨题材。初唐时期的阿弥陀佛五十菩萨多具有笈多风格影响的痕迹，应该是借鉴笈多“舍卫城神变”图式的结果[18]。公元6世纪印度思维像的坐姿不同于犍陀罗思维菩萨像的半跏趺坐，呈现出盘腿交脚而坐的姿态，更接近于阿弥陀佛五十菩萨中作思维状的小菩萨。

（15）［日］宫治昭著，李萍、张清涛译：《涅槃和弥勒的图像学》，文物出版社2009年，第276—280页。

（16）［日］岩松浅夫：《ガンダーラ彫刻と阿弥陀仏》，《東洋文化研究所紀要》第123卷，1994年；［日］宫治昭著，李萍、张清涛译：《涅槃和弥勒的图像学》，第203—204页。

（17）［日］宫治昭著，李萍、张清涛译：《涅槃和弥勒的图像学》，第225—230页。

（18）［日］冈田健：《初唐期の转法轮印阿弥陀图像についての研究》。

图17 印度博物馆藏萨尔纳特出土舍卫城大神变

在梓潼卧龙山千佛崖造像题记《阿弥陀佛并五十二菩萨传》中称阿弥陀佛五十菩萨为“西域之瑞像”。而在《隋释明宪五十菩萨像缘》和《法苑珠林》第十五卷中称此类题材为“西域天竺之瑞像”。这三则传记都记载了此瑞像从天竺传入中国的神异传说，特别是《隋释明宪五十菩萨像缘》和《法苑珠林》第十五卷的相关记载在结尾加入具有粟特血统的北齐画家曹仲达在京城摹写此类瑞像的记载。这些传说是为了烘托此瑞像的异域性和权威性，以此强调其印度渊源，即作为一种西域瑞像的属性(19)。流行于犍陀罗、笈多佛教艺术中表现千佛化现的大神变是在何时、何处转变成表现阿弥陀佛与化生、往生者的图像的？由于目前缺少实物证据，具体情况还不甚明了。阿弥陀佛五十菩萨更有可能产生于隋代时期的中国，这与当时人们对阿弥陀佛的西方印象更强有关。阿弥陀佛五十菩萨传说形成的背景与公元6世纪后半期以阿弥陀佛为崇拜对象的净土教信仰在中国的兴起相一致(20)。从这时起，与阿弥陀佛相关的多种造像题材出现并流行开来，阿弥陀佛五十菩萨便是在此背景下产生的，它是一种将笈多佛教艺术中的大神变图式，与当时在中国产生并流行的阿弥陀净土图中化生、往生的因素相结合，再附上与西域有关的神异传说，糅合而成的一种“西域瑞像”。

而从上文三则与阿弥陀佛五十菩萨相关的文献可知，阿弥陀佛五十菩萨起源于北齐。在《隋释明宪五十菩萨像缘》和《法苑珠林》第十五卷中都记载了北齐画工曹仲达“妙画梵迹传模西瑞、京邑所推”。在公元6世纪中叶，北齐境内出现种类多样的薄衣类型佛像，这与当时天竺佛像一再东传、北齐重视中亚诸胡伎艺和天竺僧众以及北齐对北魏汉化的抵制有关。南北朝晚期出现的天竺佛像，除南海舶来外，也有自西北陆路传来并中介粟特画工之手而流布的，曹仲达即是其中一例。北齐流行的新型薄衣紧身佛像应该是由当时粟特人参与创作的“其体稠叠而衣服紧窄”的“曹衣出水”式天竺佛像(21)。

绵阳碧水寺第19龛阿弥陀佛五十菩萨浮雕造像，以及日本法隆寺金堂第6号壁画上所表现的薄衣紧身、衣纹稠叠的阿弥陀佛及诸菩萨像，体现出笈多佛教艺术与粟特艺术融合的特征。两者图像布局虽然来自笈多艺术，但法隆寺金堂第6号壁画所用的铁线描却与中亚绘画关系密切。初唐时期的这种薄衣紧窄、衣纹稠叠的佛像正是在南北朝晚期融合笈多与粟特艺术的佛教

(19) [日] 肥田路美：《初唐仏教美術の研究》，中央公论美术出版 2015 年，第 385—356 页。

(20) [日] 冈田健：《初唐期の转法轮印阿弥陀图像についての研究》。

(21) 宿白：《青州龙兴寺窖藏所出佛像的几个问题——青州城与龙兴寺之三》，《文物》1990 年第 10 期。

样式基础上，继续吸收以上两地的艺术并不断自我改良的结果。由曹仲达的师承多与南朝有关可知，当时活跃于北齐的粟特画工除了有直接来自中亚的粟特人外，也有寓居南朝并受南朝文化影响的粟特人[22]。

四　余论

在犍陀罗佛教艺术中，半跏思维像在多个场景中出现，并且具有多重含义。在佛传图中，半跏思维像多代表悉达多太子。在降魔成道图中，也出现过半跏思维形的魔王（图18）。在“大神变”这样的大构图场面中，与诸圣众一起，半跏思维菩萨和交脚菩萨呈组合形式出现。在这里交脚菩萨和半跏思维菩萨分别表示上求智慧的弥勒与向往悟道世界又对现实满怀怜悯的观音。在佛三尊像中有主尊及其两侧胁侍，包括交脚的弥勒与半跏思维的观音。半跏思维像的姿态隐喻人们身处世俗世界的忧虑、困惑，想通过思维脱离俗世，达到解脱。这意味此图像一产生就与菩萨信仰有深厚的关系，在犍陀罗则表现为与莲花手观音的结合。这种半跏思维形的观音在犍陀罗晚期艺术中得到推广，到公元7—8世纪，以斯瓦特和迦湿弥罗为中心，采用游戏坐、手持莲花的思维形观音像已成模式[23]。受印度佛教艺术影响，唐代还出现了六臂如意轮观音，其形象是右侧第一手托颊作思维状，左侧第一手按于台座上，其他手中各持法器，结如意坐的形象。如意轮观音还有四臂和两臂的形象。有研究认为上海博物馆藏“思维菩萨”金铜造像是两臂如意轮观音[24]。

现有与阿弥陀佛五十菩萨相关的文献并未对五十菩萨作个别具体的记载。五十菩萨个别姿态与其尊格的关系尚不明了。有学者研究了阿弥陀佛五十菩萨与疑伪经《十往生阿弥陀佛国经》

图18　印度阿旃陀第26窟左侧廊降魔成道浮雕中的魔王

的关系。这部经书记载，若人愿往生西方净土，则释迦佛与阿弥陀佛各派遣二十五尊菩萨予以护持。两佛所遣五十尊菩萨是护持者身份，而造像中的五十菩萨坐在莲花上，类似常见的化生，不像是护持者。《十往生阿弥陀佛国经》与阿弥陀佛五十菩萨不能完全对应，但经中阿弥陀佛有二十五尊菩萨围绕的记载值得注意[25]。而阿弥陀佛五十菩萨中作思维状的小菩萨只是五十菩萨之一，具体的尊格及作思维状的含义不明，是否与观音有关是今后需要继续探讨的问题。

附记：文中四川博物院藏万佛寺遗址出土残件照片的使用得到四川博物院典藏部授权。感谢彭代群、何先红、孙艺女士为此文物照片的使用所提供的帮助。

(22) 罗世平：《青州北齐造像及其样式问题》，《美术史研究》2000年第3期。

(23) [日] 宫治昭著，李萍、张清涛译：《涅槃和弥勒的图像学》，第290—291页。

(24) [韩] 朴亨国：《如意輪観音像の成立と展開》。

(25) 王惠民：《北山245窟的图像与源流》，载重庆大足石刻艺术馆编《2005年重庆大足石刻国际学术研讨会论文集》，第52—53页。

中国龙与西方龙：两个世界的传说与艺术

Chinese dragon vs Western dragon: the legend and art from two worlds

撰文/胡嘉麟

龙，是世界多元文明神话传说中的一种神灵动物。随着全球多元文明的碰撞，尤其是近代以来东西方文化的冲突和流变，中国龙在跨文明视域下发生了文化误读。西方基督教传教士将之翻译为“dragon”，中国龙的形象被打上了邪恶的文化标签。对于龙文化的不同认识，实质上反映了东西方两种文明不同的神话系统和社会风俗。

一　中国龙的文化内涵

龙在中国文化中具有特殊的地位，是中国古代礼仪文化与政治制度的象征。东汉许慎《说文解字》称：“龙，鳞虫之长，能幽能明，能细能巨，能短能长。春分而登天，秋分而潜渊。”在东西方早期文献中，龙之形象都没有明确的描述和界定。龙与水的关系非常密切，这是东西方龙文化的共同特点。但是中国神话传说中的龙有飞天遁地的能力，通常具有吉庆、祥瑞的文化色彩。在帝国时代，龙被视为政治秩序和终极权力的象征，一直延续到近代，直至帝制崩溃。由于中国龙具有礼仪性和政治性的特点，它作为一种文化符号成为民族精神认同的主流，为国家统一和中华民族共同体的形成奠定了基础。

（一）中国龙的起源

新石器时代的东亚地区已经出现了关于宇宙的原始观念，龙之形象最早来源于天文和星象。[1] 1987年河南濮阳西水坡45号墓发现蚌塑的龙虎图（图1）[2]，墓主为成年男子，在墓主的左侧（西侧）有蚌壳堆塑的虎形图，右侧（东侧）有蚌壳堆塑的龙形图。龙首朝北，口部大张，曲体长尾，两只龙爪。这座墓葬属于仰韶文化时期，年代为公元前4300—前3800年。墓主身份较高，大致具有巫觋领袖的地位，龙虎图象征着宇宙星宿。

东汉应劭所著《风俗通义》记载了中国古代的宇宙观：“四方皆有七宿，各成一形。东方成龙形，西方成虎形，南首而北尾。南方成鸟形，北方成龟形，西首而东尾。”战国早期（公元前5世纪初）曾侯乙墓的漆木衣箱盖（图2）[3]按照顺时针

---

(1) 冯时：《中国天文考古学》，中国社会科学出版社 2010 年，第 411 页。

(2) 濮阳西水坡遗址考古队：《1988 年河南濮阳西水坡遗址发掘简报》，《考古》1989 年第 12 期。濮阳市文物管理委员会等：《河南濮阳西水坡遗址发掘简报》，《文物》1988 年第 3 期。

(3) 湖北省博物馆：《曾侯乙墓》，文物出版社 1989 年，第 356 页。

图1 河南濮阳西水坡45号墓中的龙虎图

图2 曾侯乙墓出土的漆木衣箱盖

顺序写着二十八宿的名称，并且在二十八宿东西两侧绘制有龙虎图。苍龙七宿和白虎七宿的观念从新石器时代开始产生，历经数千年直到汉代转化为文字表述。

商代甲骨文的“龙”字构形，正好与苍龙星宿的图像吻合。（图3）根据甲骨卜辞记载，商人占卜通常是将龙和降雨联系在一起（《甲骨文合集》28422、28420、13002）。卜辞内容有商人作“龙”，目的就是祈雨，因此有学者认为《淮南子·地形》记载的商汤遇到旱灾作土龙求雨是有历史依据的。[(4)]类似的情况还见于《山海经·大荒东经》《春秋繁露·求雨》《论衡·乱龙》等文献，说明以土龙求雨的传统观念和信仰活动在古代社会颇为流行。

辽宁阜新蒙古族自治县沙拉乡查海遗址出土的大型龙形堆塑[(5)]全长19.7米，体宽近2米，时代约为公元前6000年。这件龙形堆塑使用较为均等的红褐色石块堆塑成一条长龙，龙首朝西南，龙尾向东北，昂首张口，曲体弓背。整个堆塑位于整个聚落的中心广场，北侧紧靠具有宗教礼仪中心功能的大房子，南侧为祭祀坑，说明龙形堆塑与礼仪活动有着密切的关系。

湖北黄梅白湖乡焦墩遗址也有龙形堆塑[(6)]，全长4.46米，高2.28米，宽0.3—0.65米。焦墩遗

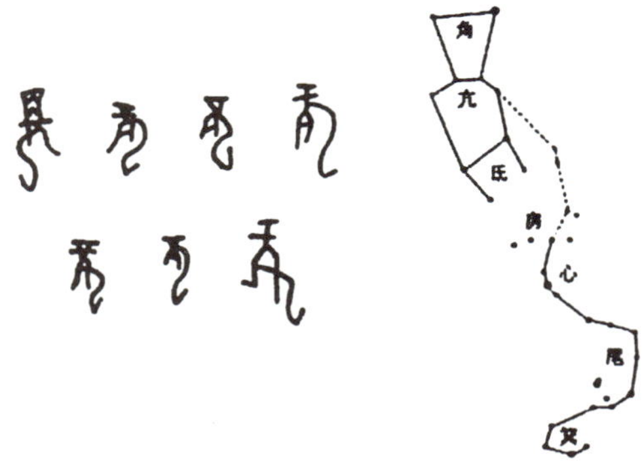

图3 商代甲骨文的“龙”字与苍龙星宿

(4) 裘锡圭：《说卜辞的焚巫尪与作土龙》，载氏著《古文字论集》，中华书局1992年，第224—225页。
(5) 辛岩、方殿春：《查海遗址1992～1994年发掘报告》，辽宁省文物考古研究所编《辽宁考古文集》，辽宁民族出版社2003年，第23页。
(6) 陈树祥：《黄梅发现新石器时代卵石摆塑巨龙》，《中国文物报》1993年8月22日第1版。

址属于大溪文化，时代约为公元前4000年。龙形堆塑使用卵石堆塑而成，龙角上扬，长颈弯曲，背部有鳍，腹下有爪。龙背上方有三堆卵石，呈东南向排列，与龙角成一条直线。古代授时的主星是大火星，即苍龙七宿的心宿二（Antares a Scorpio）。黄梅焦墩的龙形堆塑的心宿位置有用石块摆塑成的三星图案，推测可能是古人观象授时的心宿三星。

史前社会龙形堆塑的出现，表明龙的起源与祭祀祈祷龙星的信仰活动有关。文献所述的龙“春分而登天，秋分而潜渊”，所指的即是龙星。龙星从地平线升起之时，正好是农耕开始的初春。《左传·桓公五年》记载：“凡祀，启蛰而郊，龙见而雩，始杀而尝，闭蛰而烝，过则书。”服虔注：“大雩，夏祭天名。雩，远也；远为百谷求膏雨也。龙见而雩，龙、角、亢也。谓四月昏，龙星体见，万物始盛，待雨而大，故雩祭以求雨也。”公元前8世纪的文献资料表明，初春惊蛰后当苍龙星宿出现于东方地平线时，就要举行雩祭。四月龙体星宿显现出来，这是农作物最需要雨水润泽的季节。《国语·周语》有“夫辰，角见而雨毕”语，也是指当苍龙星宿的龙角露出地平线时就会有降雨。

新石器时代龙之形象和观念已经在中华大地广为传播，辽河流域的查海遗址、黄河流域的西水坡墓葬、长江流域的焦墩遗址，分别代表了中国北、中、南三个区域。龙形堆塑与史前社会的意识形态、社会组织和礼仪活动都有密切的关系。龙之形象具备了八千年来中国龙的基本特征，即龙首突出，躯体蜿蜒，有鳍有爪；与蛇的形象有明显区别。中国古代思想观念中龙与水的关系，是通过龙星和降雨建构起来的。龙与权力的关系，则与掌握天文星象知识的巫觋精英相关。巫觋精英通过天文星象知识来摄取“通天”的权力，逐渐转化为世俗权力。

（二）中国龙的礼仪观念

中国龙的礼仪观念体现在天神“上帝”的宗教观紧密结合于王权政治。从史前社会普遍存在的泛神论自然宗教，到商周时期人伦政治制度的建立，龙之形象外化为礼器，龙的观念内化为礼制。1971年内蒙古翁牛特旗三星他拉村发现的玉龙（图4）[(7)]，属于红山文化晚期，年代大致在公元前3500—前3000年。玉龙通体呈墨绿色，高26.3厘米，直径为2.3—2.9厘米。龙的吻部前倾，略向上弯曲，鼻端较平，双眼突起呈梭形，眼睛细长上翘，龙体卷曲呈C形，颈脊的鬃毛较长。这种卷体小玉龙的经典样式，还发现于长江流域的凌家滩遗址[(8)]。甚至在红山文化消亡数千年后，仍然被商周时代的人们所模仿，例如安阳殷墟妇好墓出土的小卷龙玉器（图5）[(9)]。中国文化源远流长的重要表现就在于，当一个政权衰落或崩溃以后，早期文明的宗教礼仪与艺术经常被后来的政权不断地模仿和重建。

陶寺遗址是陶唐氏的都邑，《左传》《国语》

图4 内蒙古翁牛特旗三星他拉村出土的玉龙

(7) 翁牛特旗文化馆：《内蒙古翁牛特旗三星他拉村发现玉龙》，《文物》1984年6期。

(8) 田名利：《凌家滩墓地玉器渊源探寻》，《东南文化》1999年5期。

(9) 中国社会科学院考古研究所：《殷墟妇好墓》，文物出版社1980年，第126页。

等先秦文献都有陶唐氏豢龙、御龙的记载。20世纪80年代在山西襄汾陶寺遗址3072号墓发现的彩绘龙纹陶盘（图6）[10]，年代为公元前2500—前1900年。陶盘通高8.8厘米，口径37厘米，施黑色陶衣，内壁磨光，以红、白彩描绘出龙的形象。龙纹有豆状圆目，巨口外吐长舌，上下颚排列整齐的齿牙，舌前部呈树杈状分支。装饰鳞纹的龙体内卷，龙尾在盘底中心，颈部描绘有鳍。陶寺遗址的社会复杂程度远远超过红山文化等社会形态，已经出现了相当明显的社会分层。大量礼仪用器被生产和随葬，这些随葬品象征着社会精英集团的政治身份。同时，陶寺遗址还发现有文字，以及用于观察天象的大型礼仪建筑，表明该社会能够动用大量劳动力从事礼仪活动。彩绘龙纹陶盘作为礼器，随葬在高等级的大型墓葬中，代表着墓主人的政治权威，是复杂社会贵族

图5 安阳殷墟妇好墓出土的小卷龙玉器

图6 山西襄汾陶寺遗址3072号墓出土的彩绘龙纹陶盘

图7 河南偃师二里头遗址三号墓出土的大型绿松石龙

---

(10) 中国社会科学院考古研究所、山西省临汾市文物局：《襄汾陶寺——1978～1985年考古发掘报告》，文物出版社2015年，第443—444页。

政治的艺术象征。

河南偃师二里头遗址是夏王朝的一处重要城址，年代为公元前1800—前1500年，遗址内有大型宫殿区、作坊区和高等级墓葬群。2002年二里头遗址三号墓出土了一件大型绿松石龙（图7）(11)，长64.5厘米。绿松石龙被置于墓主的骨架之上，由肩部至髋骨处，龙头朝西北，尾部朝东南，旁边还有一个铜铃。整个龙体是由两千余片各种形状的绿松石组合而成，起初是附着于某种有机物之上。龙首呈浅浮雕状，吻部略突出，以数节青、白玉柱组成额面中脊和鼻梁，龙眼为长梭形，以圆饼形白玉装饰为眼睛。龙体弯曲起伏，尾部内卷。三号墓位于三号建筑基址的中轴线，是一座大型贵族墓。在重视以“建中立极”的空间礼仪来构筑政治合法性的古代观念中，这座墓葬无疑具有特殊意义。通过墓葬中随葬的器物，表明墓主人具有掌握祭祀与宗教活动的神权身份。这件绿松石龙形器与当时的宗教意识形态和政治权威存在某种关系，是古代礼制的象征。

夏商周时期龙的观念虽然在社会宗教意识形态领域占有重要地位，但是龙之形象与政治权威之间已经建立起初步的联系。龙纹饰被广泛运用于宗庙礼器，政治精英正是通过对礼器的生产和控制，对龙之形象的艺术表现，来“使民知神奸”。龙纹是青铜器纹饰最重要的题材之一，其种类丰富、型式繁多、数量庞大，按照形态可以分为卷龙纹、交龙纹、爬行龙纹、双体龙纹、象鼻龙纹和花冠龙纹等（图8）(12)。早期龙纹无角无翼，商周时期逐渐演化出双角，春秋战国时期又接受草原文化的影响演化出双翼。

周人开始将龙纹作为象征天子符号的一种，通过文献记录下来。《礼记·礼器》：“天子龙衮。”《礼记·玉藻》：“天子玉藻，十有二旒，前后邃延，龙卷以祭。”郑玄注：“画龙于衣。”根据文献所述，龙纹是天子礼服纹饰的一种，用于祭天等重大礼仪活动。《礼记·檀弓下》：“天子龙輴而椁帱。”郑注言天子所用的殡车辕部画有龙纹，但诸侯的殡车则不装饰龙纹。天子所用章服的龙纹饰具有政治礼仪性，在一定程度上祛魅了早期的巫觋文化。此时，龙纹饰并未成为最高权力的象征，独一无二的政治权威以及政治秩序是从秦汉时期开始逐步加强，最终完成于明清时期。

（三）中国龙的神话传说

秦始皇统一六国，开创大秦帝国，《史记·秦始皇本纪》中称秦始皇为“祖龙”。此后，历朝历代皇帝都曾编造龙的故事，借助龙的影响登上帝王宝座，为政治法统的合法性制造舆论。《史记·高祖本纪》称汉高祖刘邦为龙之子，“其先刘媪尝息大泽之陂，梦与神遇。是时雷电晦冥，太公往视，则见蛟龙于其上。已而有身，遂产高祖。”刘邦还编造了他是赤帝子（赤龙）并杀死白帝子（白龙）的故事，这也是出于政治目的。这种政治需要与龙的神性是分不开的，而龙的神话传说则为政治权威提供了历史依据。

龙作为沟通人间与上帝的工具，具有到达天界的作用。《山海经·大荒西经》：“西南海之外，赤水之南，流沙之西，有人珥两青蛇，乘两龙，名曰夏后启。启上三嫔于天，得《九辩》与《九歌》以下。”《左传·昭公二十九年》：“及有夏孔甲，扰于有帝，帝赐之乘龙，河、汉各二，各有雌雄。孔甲不能食，而未获豢龙氏。有陶唐氏既衰，其后有刘累，学扰龙于豢龙氏，以事孔甲，能饮食之。夏后嘉之，赐氏曰御龙，以更豕韦之后。龙一雌死，潜醢以食夏后。”夏王启乘龙升天，从天界获取具有宗教力量的乐舞。夏王孔甲

(11) 中国社会科学院研究所二里头工作队：《河南偃师市二里头遗址中心区的考古新发现》，《考古》2005年7期。

(12) 上海博物馆青铜器研究组：《商周青铜器纹饰》，文物出版社1984年，第99–172页。

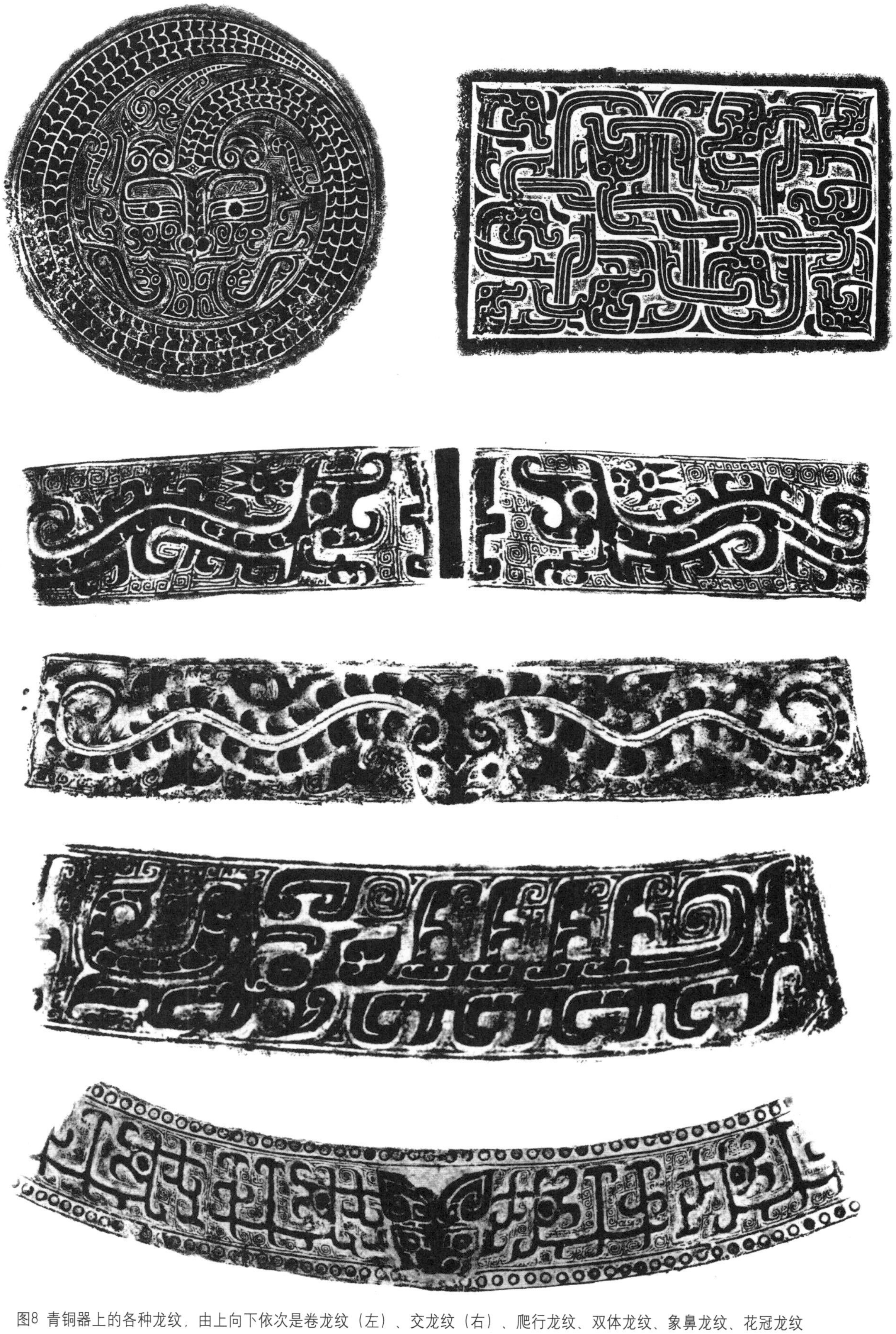

图8 青铜器上的各种龙纹，由上向下依次是卷龙纹（左）、交龙纹（右）、爬行龙纹、双体龙纹、象鼻龙纹、花冠龙纹

到上帝处，被上帝赐予乘游的龙。

中国古代的族群领袖均有乘龙的传说，通过驾驭龙显示登天遁地的能力。这些政治精英都被后裔尊崇为祖先神，以此来构建统治权力的合法性。《史记·封禅书》载黄帝铸鼎成仙，“有龙垂胡髯下迎黄帝。黄帝上骑，群臣后宫从上者七十余人”。《大戴礼记·五帝德》：“颛顼……乘龙而至四海……（帝喾）春夏乘龙，秋冬乘马。”《山海经·海外南经》：“南方祝融，兽身人面，乘两龙。”龙与帝王的联系，就在于帝王作为“群巫之长”的身份，能够驭龙升天。

乘龙升天的传说还承载有强烈的宇宙观，帝王能够驭龙升天，历代的圣贤名臣死后也能乘龙尾升天。《楚辞·远游》载：“奇傅说之托辰星兮。”《庄子·大宗师》：“傅说乘东维，骑箕尾，而比于列星。”箕尾为苍龙星宿之尾星，传说商代贤相傅说死后即乘苍龙之箕尾升天。龙具有沟通天地的作用，乘龙升仙的观念成为汉代神仙思想的重要组成部分。人们希望借助龙的神力达到自由的境地，这一愿望使得龙在民间信仰中占有重要地位。

1972年湖南长沙马王堆一号汉墓出土了一幅帛画（图9）(13)，这幅帛画长205厘米，上宽92厘米、下宽47.7厘米，由笔墨和重彩绘成，画面从上至下分为天界、人界和冥界三个部分。天界左右两侧分别描述有日月，以及象征日月的金乌和蟾蜍。日月之间有人首蛇身的天神，应为伏羲或女娲。日月之下分别有两条龙，右侧的无翼龙承自中国史前时期以来的艺术传统，左侧的有翼龙则是受欧亚草原“有翼神兽”影响的艺术表现。天门的门柱上有两只小豹，两侧有守门神帝阍。天门之下有青色和赤色的两条龙分列两侧，相交穿过中部的谷纹巨璧。谷纹巨璧之上描绘了一位拄仗而立的老妇人，她的左侧有两个男子举案跪迎，右侧有三个侍女拱手相随。这个老妇人即墓主辛追，整幅画面表达的就是墓主人乘龙升入天界的场景。

龙上升到天空带来降水，潜入深泉作为水神。《管子·水地》称龙“欲上则凌于云气，欲下则入于深泉”。同时，历史文献又将龙构建成

图9 湖南长沙马王堆一号墓出土的帛画

(13) 湖南省博物馆、中国科学院考古研究所：《长沙马王堆一号汉墓》，文物出版社 1973 年，第 39–43 页。

象征祥瑞以及政治兴衰的代表物。《论衡·奇怪篇》："野出感龙，及蛟龙居上，或尧、高祖受富贵之命。龙为吉物，遭加其上，吉祥之瑞，受命之证也。"《史记·周本纪》："昔自夏后氏之衰也，有二神龙止于夏帝庭而言。"《论衡·乱龙》："夏后之庭，二龙常在。季年夏衰，二龙低伏。"通过神话传说的影响，龙的政治权威得到世俗社会的普遍认可。

（四）中国龙的精神认同

中国古代帝王将龙作为皇帝和皇权的象征，龙的传说在民间广为普及，龙之形象渗透到民族意识之中。魏晋南北朝是中华民族大融合的重要时期，匈奴、鲜卑、羯、氐、羌等游牧民族纷纷在长江以北建立政权，形成一个多民族文化相互传播、互相融合、相互促进的历史时期。龙纹饰一方面运用于墓葬浮雕和壁画之中，是汉代神仙思想的延续；另一方面运用于宫殿建筑，体现皇室的威严。山西大同是北魏早期都城，1979年在大同发现平城遗址中出土的石雕龙纹柱础[14]中心为莲瓣纹，鼓壁雕刻四条飞龙纹，基座刻有卷草纹和水波纹。这是佛教艺术传入中国，与中国传统龙纹的融合。北朝流行的龙柄执壶，以龙为柄，龙作口衔沿状，体现了龙纹饰与北方游牧文化的结合。

唐宋时期，中原汉民族王朝之外的其他民族政权也都以龙纹饰作为帝王服饰的题材。敦煌在北宋景祐年以后为回鹘、西夏政权占领，统治时间长达四百年，在敦煌壁画中保留了许多当时统治者的服饰画像，如敦煌莫高窟409窟的回鹘王龙袍壁画（图10）[15]。画中回鹘王头戴尖顶高冠，组缨系颔，身着圆领皂色团龙纹锦袍，腰束蹀躞带，下穿长靴。棉袍的前襟、肩袖都装饰有团龙纹。团龙纹是权力的象征，直至明清时期的龙袍、器具以及皇宫建筑图案大都以团龙纹作为主题。

图10 敦煌莫高窟409窟中的回鹘王龙袍壁画

在敦煌莫高窟98窟的于阗国王冕服壁画（图11）[16]中，于阗国王李圣天头戴六旒玄冕，身穿十二章纹冕服，两袖描绘升龙纹，龙首有羚羊角，颈部披有鬃鬣，肩生火焰，龙之形象融合了佛教艺术的某些元素。新疆塔里木盆地的于阗国，属于印欧语系伊朗语族。于阗国王李圣天，原名尉迟沙缚婆，因先祖有功于唐朝，赐姓李。这些壁画体现了周边民族政权对华夏族龙文化的精神认同，他们都自喻为"龙之子"，自视为神圣权威的代表来治理土地和人民。从这个意义上来说，龙文化的精神认同是中华民族共同体的基础，这些民族是中华民族不可分割的一部分。

契丹、女真、吐蕃等游牧民族建立的政权都以极大的热忱接纳龙文化。根据《韩匡嗣墓志》记载，韩匡嗣之父韩知古"会九五龙飞之主，当

(14) 张丽：《北魏石雕柱础考略》，《中原文物》2000年4期。
(15) 敦煌研究院：《敦煌石窟全集·服饰画卷》，商务印书馆（香港）有限公司2005年，第211页。
(16) 敦煌研究院：《敦煌石窟全集·服饰画卷》，第212页。

图11 敦煌莫高窟98窟中的于阗国王冕服壁画

经纶草昧之时”，可知当时人将辽太祖耶律阿保机称为“九五龙飞”之主，也就是九五至尊的真龙天子。在辽代和金代帝王陵墓中，有大量的龙纹雕刻。西藏琼结县的木惹山有吐蕃赤德松赞的墓碑（图12）[17]。碑通高7.18米，形制风格仿唐碑，由碑帽、碑身、碑座三部分组成。石碑平面为长方形，上小下大，有明显的收分，碑正面上端东侧刻有太阳，西侧刻有月亮，下方刻有古藏文碑文。碑身东西两端上部装饰减地浮雕的云中升龙图案，龙体修长，头部雕有龙须、龙角、龙鳞和脊毛等。两龙相交，于云中升腾而起。碑身近底部的位置还减地雕刻有四条相互盘绕在一起的蛇纹，蛇上半身直立，口吐信，形象凶恶，身下雕刻有莲花座。石碑的二龙相交图案，在汉文典籍中称之为“交龙”，其深层含义有阴阳相合之意。交龙图案在中原地区特别盛行，同时也是权势和等级的标志。赤德松赞墓碑的交龙纹，受到华夏族神话题材和纹饰传统的影响，是由吐蕃工匠创作的作品，体现了汉藏文化的交融以及对龙文化的精神认同。

12世纪后半叶，蒙古族崛起于漠北草原，经过成吉思汗祖孙三代统一了中国。虽然历代皇权都对龙纹饰进行过垄断，但是这种垄断还不很严格。严格禁止百官和民间使用龙纹始于元世

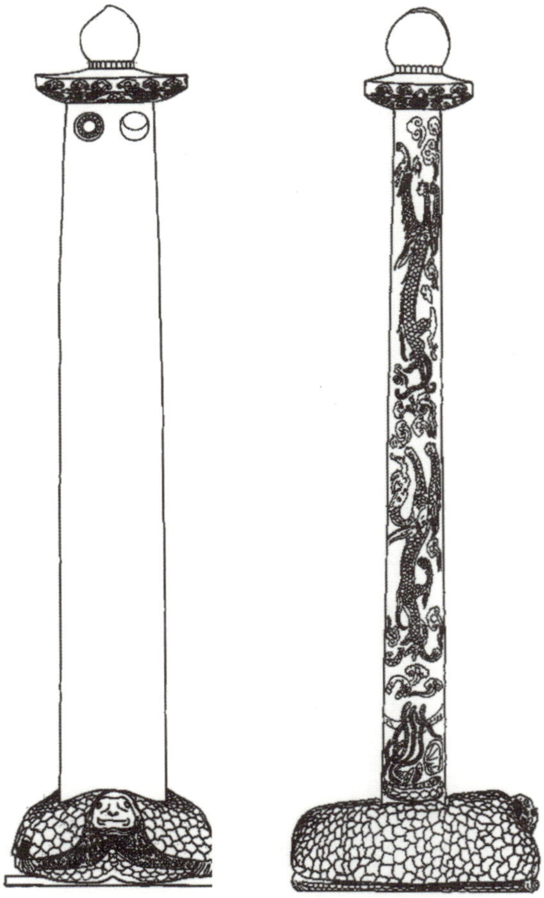

图12 西藏琼结县木惹山上的赤德松赞墓碑正面及侧面

(17) 西藏文管会文物普查队：《赤德松赞墓碑清理简报》，《文物》1985年9期。

祖忽必烈时期。《大元圣政国朝典章》记载，至元七年（1270）忽必烈明文规定不准织绣和贩卖日月龙凤纹的绸缎，如果属于过去已经织就的，要加盖官印。由于不能令行禁止，延祐元年（1314）又明确规定皇家龙纹是五爪二角者，非五爪二角的龙纹可以织绣。

明清时期龙纹完全成为皇权的垄断物，包括服饰、器具以及各类建筑装饰都有龙纹。满族的传统服饰并无等级之分，《清太宗文皇帝实录》记载，清太宗皇太极继位后规定："八固山诸贝勒，素、蟒缎，各随其便。不得擅服黄缎及五爪龙等服，若系上赐不在此例"。康熙三十三年（1694）初修《大清会典》，对宫廷服饰的颜色、纹样和质地都作了明确的规定，使得清代服饰制度成为中国历史上等级制度最为严密、最为繁缛的一代。故宫博物院收藏有康熙皇帝冬季庆贺大典所用礼服（图13）[18]，衣长148厘米、两袖通长202厘米。礼服为黄色锻面，貂皮里，披领及袖皆蓝色，片金加海龙缘。通身以赤圆金绣龙纹，前胸、后背和两肩各有正龙一条。腰帷有行龙纹五条，辟积前后有团龙纹各九条，裳绣正龙二、行龙四条。又以蓝、紫、绿、香四色丝线为主色调，辅以深浅不同的三晕色，绣流云、火焰点缀其间。捻金极细，用色沉稳素雅。在柿蒂纹和腰帷之间前后绣团龙各四，衽无纹，有黄条墨书"圣祖"二字。

图13 故宫博物院藏康熙皇帝冬季庆贺大典礼服

龙在中国文化中是祥瑞的代表，是至高无上的皇权象征。通过历朝历代统治者的不断示范，龙被赋予了强烈的审美色彩。新石器时期的朴素简约，夏商周时期的神秘抽象，春秋战国至秦汉时期的粗犷雄健，魏晋南北朝至唐宋时期的刚柔并济、大气开放，元明清时期的复杂繁丽、神圣不可侵犯。龙文化逐渐升华为一种礼仪规范，龙之形象自然而然地升格为一种标志性的文化符号。中国龙文化的特殊性在于，其文化内涵、艺术特征与制度化密切相关。

二　西方龙的文化内涵

西方神话传说中，龙是凶猛的怪兽与邪恶的象征，所以西方世界一直流行着"屠龙"（Dragon-Slaying）的传统。屠龙主题的神话传说最早出现于公元前2000年的美索不达米亚，这些成为西方诸多神祇和英雄屠龙叙事作品的共同原型。

(18) 张琼：《故宫博物院藏文物珍品大系·清代宫廷服饰》，上海科学技术出版社2006年，第17页。

随着基督教的兴起，龙被描述为魔鬼的化身，英雄的功绩转向了圣徒。在神祇和英雄屠龙的叙事情景中，龙作为正义之神的对立面，其神灵地位不断下降。龙在神话系统中不同的含义和地位，是中国龙与西方龙最本质的区别。

（一）西方龙的神话传说与起源

苏美尔人属于非闪族、非印欧的民族，苏美尔人的宗教观念是一个高度发展的万神殿系统，深刻影响了古代西方的所有民族。19世纪80年代美国宾夕法尼亚大学研究团队对尼普尔一处苏美尔遗址进行发掘，出土了3万余块泥板文书，使得苏美尔文学作品得以保存下来，这些作品的时代大约在公元前1750年。苏美尔神话中屠龙的有三位主人公，分别是水神兼智慧神恩基、战神宁努尔塔、丰饶与爱情女神伊南娜。屠龙主题的第一个版本是苏美尔诗歌《吉尔伽美什、恩奇都与冥府》，主要讲述女神埃里什基加尔被怪兽库尔诱拐到冥府，水神恩基战胜了库尔。苏美尔语“库尔”（Kur）的本义是“大山”，同时也表达一种宇宙观，规律性地被用来表示“冥府”，即地下世界。按照宇宙法则构想，库尔位于地壳与瀛海之间，这里是凶猛怪兽生活的地方，因此这个怪兽也被称作“库尔”。[19]

第二个版本是《宁努尔塔的功业与开拓》，战神宁努尔塔是风神恩利尔之子，在会说话的权杖沙鲁尔的鼓励下战胜了库尔。随着库尔的毁灭，一次严重的灾难突袭了大地，泥板文书这样描述当时的情景：“遍地饥馑，寸草不生。河流干涸。已无净手之水，水波不兴，田地难以灌溉，沟渠不再开掘，全部疆土一无所生，唯有莠草丛丛。”[20]为了阻止地下恶水继续流出，他用石块堆积在被杀死的库尔身体之上，又将已经流出地面上的恶水聚拢起来，引入底格里斯河中。随后，田地重新得到净水的浇灌，五谷丰登。这个屠龙的叙事发生在一种灾难和救灾的矛盾情景中，被杀的怪兽是地下恶水之神，并对大地和人类构成毁灭性的威胁。战神宁努尔塔杀死怪兽，有效地制止了灾难的蔓延，这意味着让失去秩序的世界恢复了正常。[21]

第三个版本是《伊南娜与艾比赫》，这首诗歌从赞美女神伊南娜开始，伊南娜对天空之神安诉说如果库尔不顺从，她将强硬地对待这个怪兽，并用威胁的口吻声称：“我将向它投掷长矛，投掷棍，武器，我都将投向它，在它临近的森林中，我将燃起大火，在它的……我将建造青铜之斧，所有它的水，像吉比尔精炼者，我将使之枯竭，像大山阿拉塔，我将移除其恐惧。”天空之神安也诉说了库尔对抗诸神的危害：“对抗诸神站立的地方，它已经指引恐怖，在恩努纳济就座的地方，它已经引发恐惧，它令人畏惧的恐怖，它已经投向了大地。库尔，它的令人畏惧燃起大火，它已经指引抗拒所有土地。”[22]

通过三个版本的苏美尔神话，可知库尔居住在地下世界，它的能力是能够引发地下恶水袭击诸神以及对大地造成危害，是黑暗冥界的象征。虽然这些文学作品没有描述库尔的具体形象，但根据古巴比伦时期的滚筒印纹饰可知它是一种头上生角的蛇状怪兽。大英博物馆收藏了一枚年代为公元前18世纪的滚筒印（图14），其纹饰主题是伊什塔尔女神接受众神的崇拜。伊什塔尔女神脚下踩着一个头上生角的怪兽。这个场景反映了《伊南娜与艾比赫》的故事片段，库尔对众神造成危害，伊什塔尔女神降服了怪兽库尔。苏美尔人称作的伊南娜，使用闪米特语的阿卡德人称为伊什塔尔，都是以金星作为其人物的标志。

阿卡德人征服了苏美尔人，建立了古巴比

(19)［美］萨缪尔·诺亚·克拉莫尔著，叶舒宪、金立江译：《苏美尔神话》，陕西师范大学出版社2013年，第96页。

(20)［美］塞·诺·克雷默等著，魏庆征译：《世界古代神话》，华夏出版社1989年，第85页。

(21)叶舒宪：《文学禳灾与民族志》，《中外文化与文论》第19辑，四川大学出版社2010年，第21页。

(22)［美］萨缪尔·诺亚·克拉莫尔著，叶舒宪、金立江译：《苏美尔神话》，第104–105页。

图14 大英博物馆藏滚筒印

图15 法国卢浮宫博物馆藏界碑

伦王国，并且对苏美尔人的神祇系统进行了改造。马尔都克（Marduk）虽然源于苏美尔神祇，此时却成为巴比伦神殿的至高神。阿卡德人的创世史诗《埃努玛·埃利什》宣扬了马尔都克的创世功绩，使他成为战胜古老宇宙的英雄。这部文学作品的年代大约为公元前1500年，马尔都克与提亚玛特制造出来的巨龙怪兽“穆什苏什”（Mushhush）战斗，穆什苏什被马尔都克打入冥府之中。[23]阿卡德语“穆什苏什”的意思是“愤怒的蛇”，在古巴比伦艺术中同样是作为黑暗冥界的象征。在伊朗苏萨出土的喀西特人统治时期的界碑（图15），年代为公元前1200年，现藏法国卢浮宫博物馆。这块界碑记载了国王赠予土地的事件，以此表明王室交易的神圣性。界碑上端雕刻有各种神象征着天界，下端雕刻长角蛇形的穆什苏什象征着地下世界。

马尔都克降服穆什苏什之后，又将其当作坐骑，这一点可见于巴比伦遗址出土的圆筒形印章（图16）的纹样上。这枚印章年代为公元前850—前820年，现藏于德国柏林新国家博物馆。同时，这种龙又被视作马尔都克的象征。德国柏林的佩加蒙博物馆收藏有在新巴比伦时期的伊什塔尔城门，城门所装饰的穆什苏什浮雕（图

(23) 魏庆征：《古代两河流域与西亚神话》，北岳文艺出版社1999年，第504页。

图16 德国柏林新国家博物馆藏印章

图17 伊什塔尔城门用穆什苏什浮雕装饰

17)，由14层70块釉面砖铺砌而成。扁平的蛇头吐着两叉舌，大眼直视前方，头上的冠羽向后上卷，双角直立。颈部较长有鬃毛，体躯似马，结实健壮。下身有四条腿，两只前腿作狮蹄形，触地有力，两后腿微曲，作钩状爪形。全身披鳞，尾部弯曲上翘，尾端为针形的蝎尾。从古巴比伦王国到新巴比伦王国，龙之形象逐渐脱离了蛇的形态，有了较大的改变。

赫梯文明是古代两河流域文明与爱琴海文明之间的重要环节之一，并对希腊神话系统产生了深远的影响。1906年在土耳其安卡拉的博阿兹卡莱发现的泥板文书，记载了有关赫梯神话的文学作品。其中流传着两个关于风暴神塔鲁(Saru)与龙神伊鲁扬卡(Illuyanka)斗争的故事。第一个版本叙述说风暴神与龙神战斗，龙神胜利了。风暴神在力量上不及龙神，于是想到利用智慧战胜龙神，便请求风和空气女神伊纳拉帮忙，筹谋使龙神酒醉后杀死他的计划，最终由风暴神将龙神杀死。(24)第二个版本同样叙说了风暴神被龙神打败，还被抢夺了心脏和双眼。风暴神利用儿子的婚姻和谎言，取回心脏和双眼并且杀死了龙神。(25)

赫梯神话中的风暴神塔鲁，在苏美尔-阿卡德神话中被称作阿达德(Adad)，胡里特-乌拉尔图神话中被称作特舒布(Teshub)，其形象特征是手持闪电。在公元前1000年的滚筒印(图18)上，已经出现风暴神阿达德追逐战斗龙的图案。风暴神右手持武器、左手持闪电。龙作逃亡状，龙首有长角，腹部伸出前爪，全身布满鳞片。古代赫梯每年到雨季，河水即将泛滥成灾时都要举行祭祀仪式，颂扬龙神伊鲁扬卡是仪式中不可缺少的重要组成部分。由此可见，两河流域的龙与水有着密切的关系，战胜龙、杀死龙都表达了人们消除灾难的美好愿望。

在西方早期神话系统中，龙通常都是作为正义的对立面，象征着灾难和地下世界。这种观念在埃及文明和两河流域文明都是一致的，埃及人认为蛇居住于地下，象征着冥界，并与尼罗河的水源有关。可以推想西方龙与水的关系，以及象征冥界的内涵实质上是来源于对蛇的理解。所以，早期艺术的龙之形象与蛇的形象非常相近，都是长身无足的形状，与蛇稍有区别的是龙的头部有长角。其后，龙的形象开始接受各种动物特征成为一种复合体。蛇是地面上的爬行动

(24)［日］矢岛文夫著，张朝柯编译：《世界最古老的神话：美索不达米亚和埃及的神话》，东方出版社2006年，第158—159页。

(25)［日］矢岛文夫著，张朝柯编译：《世界最古老的神话：美索不达米亚和埃及的神话》，第160页。

图 18 公元前 1000 年的滚筒印上的图案

物，本身并没有飞天的能力，所以晚期艺术中龙之形象的重要标志就包含双翼。中国龙没有双翼也具有飞天的能力，这是中西方文化观念和艺术表现方式的不同。

（二）西方龙的文化观念与演变

希腊神话中屠龙的事迹开始转向英雄，龙成为世俗凡人也可以战胜的怪兽，其中最著名的是卡德摩斯的故事。卡德摩斯是腓尼基国王阿革诺耳的儿子，他得到太阳神阿波罗的启示在底比斯建造城市，遭遇隐藏在森林深处的恶龙，“它有着闪闪发光的火红色的头冠，眼中喷射着熊熊的火焰，身体在不断膨胀变粗，口中吱吱地伸出三条长舌，就像三叉戟，龙口中长着三排尖锐的牙齿。”(26)卡德摩斯最后斩杀了恶龙，龙在此处象征着被降服的自然力量，屠龙成为建立城邦的一种仪式，这种权力逐渐转化为政治权力。

地中海塞浦路斯岛伊达里昂出土的一件银碗（图19）上面的纹饰同样描述了这个故事场景。这件银碗直径17厘米，制作年代约在公元前750年，现藏于法国卢浮宫博物馆。纹饰的中心图案为埃及法老战胜敌人的画面，中心图案外圈饰一周人面狮身像，最外面一周装饰有希腊神话中英雄与各种怪兽搏斗的场景。其中就有卡德摩斯与妖龙战斗的图案，妖龙的大腹生有双翼，三个龙首暗合了三条长舌、三排牙齿的描述。这件器物说明了公元前8世纪地中海的屠龙主题已经在埃及、腓尼基人之间流传。

图19 塞浦路斯岛伊达星昂出土的银碗

(26) [德] 古斯塔夫·施瓦布著，王莹译：《古希腊罗马神话》，吉林出版社 2015 年，第 24 页。

大力神赫拉克勒斯斩杀的妖龙称作海德拉（Hydra），这是欧律斯托斯交给赫拉克勒斯的十二项苦差之一。19世纪70年代奥林匹亚宙斯神庙被发现后，出土了几百块雕像残片，这些雕刻创作于公元前470—前456年。在宙斯神庙檐部间板共有浮雕十二块，每块浮雕表现赫拉克勒斯的一件功绩，故称《赫拉克勒斯十二功绩图》。第二件浮雕里被斩杀的海德拉为九个蛇头形状的妖龙[27]。法国卢浮宫博物馆收藏了一幅以赫拉克勒斯斩杀海德拉形象出现的油画《亨利四世斩杀七头蛇》（图20），这幅作品大约完成于1600年。这位法国国王来自西班牙北部纳瓦拉王国，是胡格诺派信徒，最后皈依天主教并开创了波旁王朝，因而需要证明他继承王位的合法性。这件作品使用屠龙题材，亨利四世以半人半神的形象出现，具有代表天主教神圣同盟战胜异教徒的深刻寓意，为亨利四世政权的合法性提供了神话依据。

图20 法国卢浮宫博物馆藏《亨利四世斩杀七头蛇》油画

中世纪民间传说里最著名的屠龙英雄，有贝奥武甫（Beowulf）和西格弗里德（Siegfried），两位英雄所斩杀的妖龙都守护有宝藏。《贝奥武甫》是英国盎格鲁-撒克逊时期最古老的史诗，大约完成于公元8世纪。史诗讲述了看守宝藏的妖龙向高特人报复，高特国王贝奥武甫年过八旬，不顾年老体衰依然斩杀火龙，最后重伤不治。[28]日耳曼史诗《尼贝龙根之歌》，大约完成于13世纪。主要讲述尼德兰王子西格弗里德凭借英勇和机智杀死了守护宝藏的妖龙，以龙血沐浴全身成为力大无穷的勇士。[29]早期神话传说中屠龙者都是神灵或是半神半人的英雄，龙的神格地位与之对等。中世纪龙的神性开始下降，逐渐沦落为宝藏的守护者，世俗英雄可以斩龙，作为政治权力的象征。

图21 法国圣萨万修道院的门廊壁画

基督教的文化传统是将龙视作魔鬼的化身，《圣经·启示录》12：9："大龙就是那古蛇，名叫魔鬼，又叫撒旦，是迷惑普天下的。"《启示录》将一整套象征物提升到文化寓意的层面，龙的诠释通过基督教会最终在西方文化中得以确立，使得龙成为中世纪人类真正的敌人。法国圣萨万修道院始建于公元9世纪，保存有11世纪的罗马式壁画。有一幅门廊壁画（图21）反映了《启示录》所描述的大红龙要吞妇人孩子的故事。《启

(27) 朱伯雄主编：《世界美术史》（第3卷），山东美术出版社1989年，第183页。

(28) [英] 佚名著，陈才宇译：《贝奥武甫》，译林出版社2018年。

(29) [德] 佚名著，钱春绮译：《尼贝龙根之歌》，人民文学出版社2017年。

示录》12：3—4："天上又现出异象：有一条大红龙，七头十角，七头上戴着七个冠冕。它的尾巴拖曳着天上星辰的三分之一，摔在地上。龙就站在那将要生产的妇人面前，等她生产之后，要吞吃她的孩子。"这幅壁画中的红龙生有双翼，有一个很大的龙首，其余六个龙首在龙的颈部采用隐晦的方式表现出来。

恶龙的七个头暗喻了基督教的七宗罪，这种形象源于迦南神话的恶龙。迦南神话里的龙被称作"亚姆–纳哈尔"（Yam–Nahar），这个七头恶龙长期与巴力神为敌，后为女神安娜特所杀。希伯来语属于闪米特语族西北语系中的迦南方言，在《希伯来圣经》中多处出现"亚姆–纳哈尔"与"利维坦"的对应关系，利维坦在不同经文段落中分别有"蛇""海怪"的意义。[(30)]罗马的圣皮埃特罗教堂保存有12世纪的壁画（图22），展现的是《启示录》中天使米迦勒杖剑伏龙的情节。壁画所描绘的同样是七头恶龙，在恶龙的颈部有六个小龙首，并且还有拉丁文题记"Draco"。天使米迦勒打败了的七头恶龙是魔鬼撒旦的化身，象征着正义战神邪恶，光明打倒黑暗。

屠龙主题是中世纪基督教艺术常见的题材，出现诸多屠龙的圣徒，例如圣乔治（St. George）、圣玛格丽特（St. Margaret）、圣雷门（St. Romain）和圣菲利普（St. Phillip of Bethsaida）等。这些圣徒屠龙的传说被记载于13世纪的文本《黄金传奇》（*Legend a Aureate*），其中以圣乔治的屠龙故事影响最广泛。传说圣乔治出生于公元3世纪的小亚细亚，某一天圣乔治来到异教徒的城市，遇到国王女儿要被献祭给恶龙，圣乔治将恶龙斩杀，国王和子民从此皈依基督教。法国卢浮宫博物馆收藏有在土耳其发现的拜占庭时期马赛克壁画《圣乔治勇斗恶龙》的圣像（图23），年代约为1300—1350年。这幅壁画里的恶龙就不是七个头的形象，说明在基督教艺术中，作为魔鬼化身的七头恶龙和危害人间的恶龙有一定区别。

圣乔治在基督教传统中被看作是"勇敢"的象征，也作为基督教骑士的典型形象被欧洲大陆许多城市尊为守护神。圣徒屠龙的主题，一方面从意识形态上抬升了教徒贵族的社会地位；另一方面暗含了战胜异教徒的思想，通过屠龙来宣扬基督教。这种思想观念反映于艺术中，使龙的

图22 罗马圣皮埃特罗教堂的12世纪壁画

(30) 王立新：《古犹太历史文化语境下的希伯来圣经文学研究》，商务印书馆2014年，第31页。

图23 法国卢浮宫博物馆藏《圣乔治勇斗恶龙》壁画

形象在天使屠龙和圣徒屠龙主题中出现不同的特征。中世纪基督教象征系统倾向于使用屠龙题材，赋予圣徒和龙不同的象征意义，来代表基督教信仰战胜异教信仰。

三 结语

龙，在东西方两种文明体系中的文化内涵是不同的，可以将中国龙和西方龙的差异归纳为以下几点。

首先，起源不同。中国龙的起源与天文星象有关，与古代祭祀祈雨有关。西方龙的起源与洪水有关，因为龙是控制地下恶水的神灵。虽然东西方的龙都与水有着密切的关系，但是这种关系的建构方式并不相同。中国龙与水的联系是通过降雨构建起来的，与政治权力的联系是通过掌握天文知识的巫觋精英构建起来的。西方龙通过洪水灾难呈现出来，政治权力是通过斩杀恶龙获取的。所以，中国龙有吉庆和王权的文化色彩，西方龙则是灾难和邪恶的象征。

其次，神话系统不同。中国神话系统中，龙是作为沟通天地的工具，掌控龙的政治精英能够主导王权。此后，龙的神格地位逐渐上升，由此形成至高无上的皇权。西方神话系统中，龙作为神灵与众神斗争，一度还能击败众神。不管是苏美尔神话，还是巴比伦神话，龙都是创世神话的参与者。此后，龙的神格地位开始下降。不仅众神能够斩杀龙，半神半人的英雄也加入到屠龙者的行列，中世纪的屠龙者基本都是世俗英雄和圣徒。龙的神格地位的变化，是东西方神话系统差异性的一个重要特征。

再次，文化观念不同。中国龙是礼仪的象征，是政治权力的象征，所以龙在早期社会信仰和礼仪活动中充当了核心符号。在国家社会形态中，龙作为帝王的象征，成为民族精神认同的主流，成为民族国家共同体的标志。中国龙的文化观念源远流长，是国家统一和中华民族共同体形成的重要基石。西方龙是邪恶的象征，是魔鬼的化身，基督教会的诠释使得龙站在全部人类的对立面。中世纪国家的政治权力的合法性要通过宗教权力的认可，宗教权力的胜利则依靠屠龙这个主题来完成。

最后，艺术造型不同。中国龙的艺术特征在新石器时代初步确定，到明清时期发展成为一种复合体的神兽。明人笔记《五杂组》称龙之形象："角似鹿，头似驼，眼似兔，项似蛇，腹似蜃，鳞似鱼，爪似鹰，掌似虎，耳似牛。"中国龙的基本特征是没有双翼的，只有春秋战国至汉代受到欧亚草原有翼神兽的影响，有翼龙流行过很短一段时间，最终没有成为中国龙造型的主流。因为在中国古代观念中，龙本身就具有飞天的能力，不用借助双翼。西方龙的艺术特征却与蛇非常亲密，这是由两者文化上的同源关系决定的。西方古代观念中，蛇居住于地下，象征着冥界，所以龙的造型往往借用了蛇的形态。蛇是地下爬行动物，不具备飞天的能力，为了显示龙的飞天能力开始增添双翼。基督教艺术借用希腊神话和迦南神话中的多首龙特征，作为魔鬼撒旦化身的七龙首，具有影射七宗罪的宗教寓意。这种造型特点，在中国龙的艺术表现中是看不到的。

综上所述，西方基督教传教士将"中国龙"翻译为"Chinese dragon"是不合适的，中国的"龙"并不具备"dragon"的文化属性和艺术特征，应当予以区别和正视。

编者按：2018年8月初，上海博物馆派出考古队赴斯里兰卡进行为期四十天的联合考古工作，此为上海博物馆首次派员参与海外联合考古。在考古工作正式开展前，上海博物馆考古队曾于2017年7月和2018年3月两次赴斯里兰卡，对当地一些重要遗址进行前期调查与资料收集，最终选定斯里兰卡北方港口城市贾夫纳（Jaffna）的古代遗址进行发掘。本文是考古队员于2018年3月份考察后所写，记述了与斯里兰卡中央基金会组成的联合调查队对当地重要遗址进行前期调查时的见闻与感想。

斯里兰卡考察行纪

A visit to Sri Lanka

撰文/王建文

上海的土地面积只有6000多平方公里，而且黄浦江以东的大部分地区成陆较晚，鲜有中古以前的遗址，明清以后的遗迹又多被近现代建筑叠压。因此，上海的田野考古受地域所限，有其先天不足的地方。这固然是弊端，但一方面也促使我们立足于本地，将工作做细做扎实；另一方面能将目光投向外面的世界，希望与其他国家进行联合考古发掘，对世界其他古代文明有所了解。

张光直先生曾经说过：“就是说，今天念中国的考古不是念念中国的材料便行了。每个考古学者都至少要对世界史前史和上古史有基本的了解，而且对中国以外至少某一个地区有真正深入的了解。比较的知识，不但是获取和掌握世界史一般原则所必须有的，而且是要真正了解中国自己所必须有的。”（《中国文物报》，1993年11月7日）所以，对于整个世界文明的探索和研究需要我们走出国门，但又不仅仅是为了走出去。

神秘的国度

今天的斯里兰卡是中国境外游的热门旅游地，但是除了旅游景点之外，无论是报纸还是网络媒体，对这个国家还是鲜有整体和全面的报道，对我们而言，那里仍是一个充满神秘感的国度。

斯里兰卡是印度洋上的岛国，位于北纬5°～9°之间，在南亚次大陆南端，西北隔保克海峡（Strait of Palk）与印度半岛相望。南北长432公里，东西宽224公里，国土面积为65610平方公里。作为一个岛国，是中国与印度、西亚、东非贸易与交流的海上要冲，因此在中国的文献中很早就有记载。东晋僧人法显曾从长安出发，逾葱岭，去往印度求法，最后从斯里兰卡沿海路返回。法显回国之后,将其经历著成《法显传》（又称《佛国记》）,其中关于古代斯里兰卡情况的介绍,是研究早期中国与斯里兰卡交流历史的极其珍贵的史料。隋唐之后，中国与斯里兰卡的交流更加频繁。著名高僧玄奘所著《大唐西域记》、僧人义净所著《大唐西域求法高僧传》和《南海寄归内法传》，这些著作中都有关于斯里兰卡的重要史料。明朝著名航海家郑和率领庞大船队七下西洋，历时30年，曾经多次到过斯里兰卡。郑和第二次到达斯里兰卡时，曾经树立布施碑，表达了对斯里兰卡当地文化和宗教信仰的尊重。幸运的是，1911年在斯里兰卡西南地区港口加勒附近，发现了这块用汉文、泰米尔文、波斯文三种文字撰刻的“郑和布施锡兰山佛寺碑”，这座石碑如今珍藏于科伦坡国家博物馆中。

契机与第一步

2016年上海博物馆组织“一带一路”沿线国家的文博考古专家开展专题讲座，邀请斯里兰卡中央文化基金会主席与国家博物馆副馆长举办了两场公众讲座。其间上海博物馆正好在举办青龙镇遗址考古特展，我们邀请上述两位专家参观了该展，进行了初步的商谈，并提出了今后进行合作的建议，对方表示欢迎。之后双方通过电子邮件多次沟通，2017年，上海博物馆与斯里兰卡中央文化基金会就今后合作初拟了备忘录，主要内容为三项：(1)组建联合考古队，在斯里兰卡开展考古调查与发掘项目；(2)建立人员交流机制，互派人员赴对方博物馆交流学习；(3)联合举办展览。根据备忘录的合作计划，2018年2月26日—3月7号，上海博物馆与斯里兰卡中央文化基金会组成联合调查队，对斯里兰卡中北部的沿海港口曼泰(Mantai)、贾夫纳(Jaffna)、亭可马里(Trincomalee)以及阿努拉德普勒(Anuradhapura)、波隆纳鲁瓦(Polonnaruwa)、雅巴忽瓦(Yapahuwa)、康提(Kandy)几个王城及多家博物馆进行前期调查与资料收集。

2018年2月26日，我们一行四人在浦东机场登上了东航直飞斯里兰卡的飞机，飞机机舱尾部尚有部分空座，并没有满员，同行的基本都是游客。飞机于13点40分准时起飞，经过7小时50分钟的飞行，于当地时间18点12分到达班达拉奈克国际机场。2月底的上海，正是春寒料峭的时候，每个人都还穿得比较厚。一下飞机，热气扑面而来，正赶上下雨，空气潮湿而闷热。斯里兰卡纬度靠近赤道，常年平均在气温28°左右，只有雨季和旱季之分，冬天，是不存在的。

出关手续办好，取了行李，换了卢比，出发前往科伦坡的酒店。从机场到科伦坡还有大约40分钟的车程，接站的小哥开着一辆丰田普锐斯，沿着机场高速奔向目的地。高速是双向四车道，虽然已是晚上八点多，车流还是比较密集，时速在80公里左右。没有想到的是，这是此次行程里走过的唯一真正的高速公路。

从窗户向外看，一路看到的几乎都是日本车，数量最多的是丰田，其次是本田、铃木、尼桑、三菱等，极少看到其他国家的车。由于斯里兰卡本国没有汽车工业，汽车都是从国外进口，所以在这边看到的汽车款式与日本本土是一样的，而与中国的中日合资车款式不同。作为前英国殖民地，汽车都是右舵左行，这一点也与日本相同。从几乎垄断斯里兰卡的汽车市场可以看出，日本汽车产业显然很早就开拓了斯里兰卡市场，建立了品牌效应，随着汽车的普及，现在已经是收获的季节，其他国家的品牌进入斯里兰卡市场的难度很大。

斯里兰卡的对外合作考古也有相似的情况。在20世纪80年代以前，基本都是英国人主导合作发掘项目。80年代后，由于内战，考古发掘处于停滞状态，直到近年来才逐步恢复发掘，不过仍然面临着经费等诸多问题。因此，目前是我们参与斯里兰卡国际考古发掘的最佳时期，也是一个双赢的合作。

车子下了高速，驶入科伦坡市区，道路变成了双向单车道。科伦坡的汽车保有量非常高，显然道路设施没有跟上汽车的发展速度，十分拥挤。很多路口也没有红绿灯，轿车、摩托车、突突车(当地的三轮出租车)混杂在一起，呈现着一种表面无序、实则有规的状态。斯里兰卡人交通规则意识很强，尽管街上有很多摩托车，但是每个人都戴头盔，无一例外，考虑到当地的热带气候，做到这一点就更难能可贵了。凡是转向的车子，无论是汽车还是摩托车，都必打转向灯。示意超车的时候，前车也会主动让行。

晚上住在中国城附近，吃好饭沿着海边散步，可见大幅广告围起来的中国城施工工地，机械轰鸣，正在围海填陆。岸边新造的高楼鳞次栉比，火柴盒式的钢筋水泥建筑，外墙贴玻璃，与国内大部分城市所见并无不同，部分都还在施工中。

第二天上午9点，我们拜访了斯里兰卡中央文化基金会主席，主要就下一步考察线路、行程安排及今后的合作进行了会谈。中央文化基金会是斯里兰卡文化部的下属单位，负责管理属下的七座博物馆与大部分遗址，包括四处世界文化遗产。Preshanta主席先生毕业于英国的大学，来过中国几次，眼界宽广，思维活跃，对合作考古抱有积极热情的态度。

通过会谈，对方基本同意我们计划的考察线路，并答应派两位考古学家陪同我们考察，以便和各家博物馆、遗址联系与接洽。在我们的行程计划中，因为部分遗址比较偏僻，加上考察的地点主要是在北方，也就是过去内战时期泰米尔猛虎组织的根据地，安全问题是我们比较担心的。我们希望最好能有熟悉当地情况的考古学家陪同我们一起考察，但是在会谈前都是不确定的事情。经过会谈，对方爽快地答应了我们的要求，让我们心里的一块石头落了地，有点喜出望外。

原计划下午拜访斯里兰卡国家博物馆的馆长，商谈今后的合作展览，但因对方临时有事，只好改期。于是我们经过商量，决定下午出发前往阿努拉德普勒，并在那里和陪同我们考察的小伙伴碰头，商讨下一步的行程。

阿努拉德普勒——作为世界文化遗产的古都

2月27日下午，我们收拾好行李，乘上租的车子，一路向阿努拉德普勒赶去。两个城市之间有300多公里。车子出了科伦坡拥挤的市区，驶上仍是双向单车道的柏油马路。道路蜿蜒曲折，依着地形修建，既没有架桥，也没有隧道，加上川流不息的车辆，使得我们的行驶速度只有时速40公里左右。科伦坡所在的西南部是斯里兰卡人口最密集的地方，公路两边遍布着房屋。一个有趣的现象是，这些房屋并没有形成像中国一样聚居的村落，而是每幢建筑之间保持着一定的距离。

晚上8点多，我们到达阿努拉德普勒，住在遗址内的一家名叫Sanctuary at Tissawewa的宾馆里，这家宾馆曾是英国殖民统治时期政府官员的官邸。周围古树参天，猴子成群，它们才是这里真正的主人。

2月28日早上，我6点起床，天还没有亮，空气异常清新，绕着小路晨跑了3公里。跑完散步的时候，遇到昨晚餐厅的服务员小哥。他面目清秀，剃着光头，下身围着长裙，颇有出家人的宁静气质。他问我是日本人吗？我说我是中国人。他说他喜欢中国，非常喜欢Bruce Lee的电影，我教他说“功夫”。后来几天的时间里，也不断有人问我们是否是日本人。这也说明了日本在当地具有的影响力，而我们的文化输出还停留在20世纪七八十年代的李小龙的功夫电影里。一个国家的软实力与对外影响力，需要长期的、深耕细作的努力。

阿努拉德普勒从公元前4世纪—11世纪一直是古代斯里兰卡的首都，佛教遗迹众多。阿努拉德普勒古城是世界文化遗产，大部分遗迹聚集在一块面积为3平方公里的区域内，主要有大庙、舍利塔、圣菩提树、阿巴哈亚奇瑞修道院等。此外在考古博物馆里珍藏着大量出土的精美造像与建筑构件。早上7点半，我们和陪同的两位考古学家在宾馆碰头，商定下一步考察计划。到了约定时间，来了两位年轻的从事田野发掘的一线考古学者（图1），开着一辆蓝色的丰田皮卡车。经过简单的介绍和商量，初步确定下一步的考察计划为两座古代的王城以及作为王城对外交流与物资供应的港口，观摩各地博物馆出土的中国瓷器，并寻找几个适合今后共同发掘的遗址点。

圣菩提树与舍利塔——佛教信仰的象征

2月28日上午首先参观了阿努拉德普勒的圣菩提树。这棵圣树（图2），信徒们认为是由最早把佛教引入斯里兰卡的人的一位姐妹从印度带来的断枝长成的，已经有两千多年的历史，因此

图1 与斯里兰卡考古学家商谈考察线路

这棵树无论在精神上还是地理位置上，都处于阿努拉德普勒的中心地带。参观或朝拜者需要脱掉帽子和鞋子，最好穿白色的衣服，以表示对佛的尊敬。我们没有白色的衣服，只能把鞋子脱掉。走在滚烫的沙子上，那感觉非常的酸爽。但是对于大部分信奉佛教的当地人来说，朝拜是日常生活的一部分，从小就开始了，他们并不觉得烫脚。经常能看到大批的学生来朝拜，光着脚丫，男学生穿着白色的衬衫和蓝色的短裤，女学生则穿白色过膝长裙。每当看到我们时，男同学总会热情地说"你好"，脸上洋溢着纯真的笑容（图3）。

在佛教创立之初，佛像并不存在，也并不需要，这与佛之无形无相的本质相契合。那一时期的佛教艺术只是简单地用足印代表佛的修行之路，以菩提树表达觉悟，用莲花座代表世尊本体，用法轮象征佛理的传授，等等。修行者必须遵照佛陀以及声闻的弟子们的言行过修行生活，来追求自我完善与解脱。因此，菩提树在佛教信徒心中的地位是非常崇高的。

整个遗址区分布着数量众多的舍利塔，斯里兰卡的佛教建筑采用以佛塔为中心的建筑布局，这与中国南北朝时期的情况相似。塔的体量大小不一，大者如鲁梵维利萨亚舍利塔（Ruwan-welisaya Dagoba），基座边长140余米，高可达50多米（图4）。在塔的外墙外，当地考古学家布设了五条探沟，正在进行一些解剖性的发掘，试图解决佛塔地基的结构与始建年代问题（图5）。

随后我们参观了"纪念摩诃帝沙—法显文化馆"，该文化馆是1992年由中国出资3000万卢比建成的，为了纪念无畏山寺院的创始人摩诃帝沙和公元411—412年在此寺院生活学习过的中国高僧法显。馆长是一位女性，热情地

图2 阿努拉德普勒的圣菩提树

图3 阿努拉德普勒参观寺院的学生

图4 阿努拉德普勒的Ruwanwelisaya Dagoba佛塔

图5 阿努拉德普勒的Ruwanwelisaya Dagoba佛塔外围正在进行解剖性发掘，以解决佛塔地基的结构及始建年代问题

图6 纪念摩诃帝沙—法显文化馆展出的中国瓷器

接待了来自中国的我们，并允许我们对博物馆展厅里的中国瓷器进行拍照。

有一个橱窗里展出了八件中国瓷器（图6），据说是在寺院出土的。包括青瓷、青白瓷和一件绿釉碗，主要是龙泉窑、景德镇窑和莆田窑产品，年代在南宋晚期。这是这一时期常见的外销瓷组合，在埃及福斯塔特（Fustat）遗址也有相似组合的中国瓷器出土。13—14世纪时，龙泉窑青瓷是印度洋地区陶瓷贸易的支柱产品。土耳其托普卡帕宫博物馆（Topkapi Palace）收藏有1350件龙泉青瓷，数量远多于他们收藏的40件元青花瓷器。

曼泰——连接东西方贸易的重要港口

阿努拉德普勒的考察结束后，我们一路向西北，即赶往下一个考察地点——曼泰。斯里兰卡的北部是一望无际的稀树草原，沿路看到牛群点缀其间，令人心旷神怡。靠近海边的地方，由于地势低平，海水侵蚀，土壤盐碱化较严重，多有潮间带形成的潟湖，与南方砖红壤发育的地貌差异较大。

曼泰位于斯里兰卡西北部、印度与斯里兰卡连接的亚当桥（Adam's Bridge，是一连串的珊瑚礁岛屿和浅滩）的东端。任何通过保克湾来沟通东西海岸的船只都必须走班本（Pamban）海峡或者马纳尔（Mannar）海峡，而曼泰正好控制着马纳尔海峡，地理位置十分重要。斯里兰卡作为一个岛国，对外贸易与文化交流必须要通过海洋，港口的重要性不言而喻。曼泰距当时的首都阿努拉德普勒80公里，有一条河连接两地，沿河修建了很多水库及灌溉设施，以满足首都的物资供应。因此，曼泰作为古代首都的对外交流窗口与贸易港口，战略地位十分重要。曼泰的兴衰与阿努拉德普勒直接相关，11世纪后期，斯里兰卡受到南印度的入侵，首都迁往波隆纳鲁瓦，曼泰也随之逐渐衰落。

斯里兰卡古代有大量的文献记载曼泰港，16世纪后，随着葡萄牙、荷兰、英国先后殖民与

图7 曼泰遗址卫星照片，可以看到双重城垣、中间为护城河的结构

贸易，在西语文献中也留下了较多的记录。日本学者三上次男、中国学者李知宴曾对曼泰进行了调查，在1980年之前，分别于1887年、1907年、1926—1928年、1950—1951年、1970年代进行了五次发掘。英国学者约翰·卡尔斯威尔（John Carswell）在1980—1984年组织团队对曼泰遗址进行了三次发掘，最后因为内战而不得不停止，并于2013年出版了发掘报告。正如作者在前言中所言：这本报告最主要的目的是为将来的发掘者奠定基础。

从卫星地图（图7）看，这是一个临海的椭圆形土墩，中间为一座寺庙，周边为两圈环濠，纵长约800米，面积约35万平方米。北方地区主要为泰米尔人聚居区，尤其是内战以后，原先在南方的泰米尔人，很多都回到了北方。内战结束后，遗址内定居人口逐渐增多，中心高地上的印度教寺庙正在扩建和翻修，并且新造了很多房子，对遗址造成了不小的破坏。

我们于3月1号下午3点到达曼泰遗址。首先踏察了位于土墩中心的印度教寺庙，因为正在扩建，从开挖基槽翻出的土中，捡到了少量的长沙窑瓷片和玛瑙珠子。斯里兰卡没有像中国《文物保护法》中的类似规定，基本建设前无须先进行考古发掘，因此该遗址现在被破坏得很严重。

然后我们又踏察了一块低地，捡到了很多的中国瓷片，主要是长沙窑、越窑的碗片，非常碎小，边缘磨损很严重，显示是经过了二次搬运，并非原生堆积，我们分别记录了GPS坐标并拍摄照片（图8），将遗物留在了原地。陪同我们的斯里兰卡考古人员说我们可以带走，但我们还是将瓷片留在了原地。遗物留在当地，是基本的考古伦理，也是我们联合考古的基础。随后我们又查看了约翰·卡尔斯威尔20世纪80年代发掘的探方（图9），当年还没有回填，但不曾想由于战争戛然而止。尽管过去了三十多年，经过雨水冲刷，探方已经不那么规整，但现在的深度仍有

图8 曼泰遗址地表采集的越窑瓷片、波斯釉陶、阿富汗青金石等

图9 曼泰遗址20世纪80年代发掘的探方

四五米，可以遥想当时发掘的宏大规模。当年发掘最深的探方地层超过10米，从新石器时代早期一直延续到公元10世纪左右，不断有人类在该地活动，展现出一幅斯里兰卡丰富多彩的历史剖面。对于考古学家而言，这是一个近乎完美的发掘对象。当我们站在这片土地之上，回想着百余年来，多位考古学家曾经满怀希望挥洒汗水的时候，我们深深感觉到学术不分国界。

贾夫纳与阿莱皮蒂
——东西方贸易的必经之地

结束曼泰的考察后，我们一路驱车赶往贾夫纳，计划拜访贾夫纳大学考古系与考察贾夫纳考古博物馆。贾夫纳位于斯里兰卡的西北部，是由贾夫纳半岛和一些岛屿构成，隔海与印度相望，是荷兰殖民者较早占据的地方。其中有一座岛名为代尔夫特岛（Delft Island），可能是以荷兰代尔夫特的地名命名的。代尔夫特是荷兰东印度公司在荷兰的六个据点之一，也就是在那时中国的瓷器引入荷兰，并发展成了荷兰著名的代尔夫特青花瓷器。

到达贾夫纳后，我们首先参观了贾夫纳荷兰堡（Jaffna Dutch Fort），这是一座荷兰殖民时期修筑的军事防御城堡，平面呈五角形，外有护城河，内筑城墙，在五边形的五个角上又修筑了菱形的炮台设施，规模宏大，设计精巧，易守难攻。这个遗址正在进行修复，采用景观考古的理念，局部做了一点小的发掘。我们用携带的无人机，帮他们拍摄了数百张高清照片，并用PHOTOSCAN软件建立了三维模型（图10），还演示了软件的使用方法及在考古中的应用。该项目的负责人对我们的帮助非常感谢，让我们观摩了该遗址出土的青花瓷片，并允许我们拍照，我们也帮他们做了窑址与年代的判定，基

图10 贾夫纳荷兰城堡

本上是清代景德镇产的青花瓷，应该是当时荷兰东印度公司的贸易品。接着我们又参观了一处荷兰殖民时期的官方建筑，其中一间房间的地面是用青花瓷碎片铺砌的（图11），别有特色。约同时期在肯尼亚的马林迪（Malindi），当地富人喜欢用青花瓷装饰墓柱。在这些场景里，瓷器已经脱离了原来的用途，而变成了一种带有异域风情、彰显身份的奢侈品。

3月3日上午，我们拜访了贾夫纳大学考古系，并且参观了贾夫纳大学博物馆的藏品，其中一些藏品是出土于曼泰遗址的中国瓷器。曼泰遗址1984年发掘结束后，因内战被迫中止了后续的发掘工作，出土的遗物存放在几个地方，其中就有贾夫纳大学博物馆。馆方允许我们拍照（图12）。

贾夫纳大学的交流结束后，我们前往贾夫纳考古博物馆。这是一家比较小的博物馆，只有一层平房，主要展示当地出土的佛教、印度教等宗教的遗物和一些陶器。馆长是位女性，待人热情，听说我们想要看阿莱皮蒂（Allaippidy）出土的瓷片，她将库房打开让我们看。当柜子打开后，我们都震惊了。满柜子堆放的都是中国瓷片，约有数千片之多，按釉色和器形分门别类地用袋子装着（图13）。这批瓷器是约翰·卡尔斯威尔1977年调查斯里兰卡北方港口遗址时发现的，主要为青白瓷，器形有碗、罐、盆、壶等，但以碗为主。

当年约翰·卡尔斯威尔原本是想去调查曼泰遗址，但由于其他原因没能成行，在一个收藏爱好者的带领下，去寻找一个曾经捡到瓷片的遗址点。不幸的是，在他们到达后发现这个点已经被建筑挖沙完全破坏了。正打算返回时，

图11 贾夫纳的荷兰殖民时期的建筑，地面用中国的青花瓷碎片铺成

图12 贾夫纳大学博物馆藏曼泰遗址出土的部分中国瓷器碎片

图13 贾夫纳考古博物馆藏阿莱皮蒂遗址出土的中国瓷器

一个骑自行车的泰米尔小孩告诉他们在另一个地点也发现有瓷片。他们跟随小孩到了那个地点后，发现了一条建筑挖沙后留下的沟，正好穿过了埋藏中国瓷器的沙堆。经过仔细清理，发现同一件器物的碎片都分散在瓷片堆的周围。发掘者认为原来可复原的瓷器在用干净的沙子埋藏之前，可能已经经过了挑拣。约翰·卡尔斯威尔组织了发掘工作，布设了一条5米×2米的探沟，共计发掘10平方米，出土了大量的中国瓷片。这批器物绝大部分都存放在贾夫纳考古博物馆，少量存放于其他地方。

幸蒙女馆长的允许，我们对这批器物进行了仔细的观摩与拍照，从上午10点半工作到下午2点，中午也没时间吃饭，终于把每个大类的典型器物都拍摄了一遍。关于这项发掘工作，约翰·卡尔斯威尔曾写过一篇简报和一篇根据演讲整理成的文章，但都没有完整地发表这批材料。这批瓷器相对单纯，主要产自广州西村窑、潮州笔架山窑、福建窑场，还有几片耀州窑瓷片，年代均为北宋晚期。这样一批相对单纯的中国瓷器出现在阿莱皮蒂，和目前已发现的东南亚沉船的船货都不太一样。这一点提示研究者，对于传统的贸易航线有重新考虑的必要。因此，这批材料仍旧有重新整理、完整发表的价值。此外，在博物馆展厅里，我们还发现一件广东产的唐代青釉大罐（图14），与印度尼西亚勿里洞（Belitung）海域发现的黑石号沉船出水的广东大罐非常相似，后者作为一种包装容器，在大罐里装满了长沙窑的碗（图15），被多数学者视作黑石号始发于广州港的证据之一。

阿莱皮蒂位于斯里兰卡西北部韦勒奈岛（Velanai Island）西岸，是东西方贸易的必经之地。下午我们来到阿莱皮蒂海滩边（图16），试图寻找当年发掘的遗址点。原本希望可以找当地人带路，到了地点才知道，经过内战后，这个地方原住人口大部分都已迁徙或是丧生，现在的居民都是从其他地方迁来的，四十多年前参与发掘的村民一个都找不到了。没有办法，我们

图14 贾夫纳考古博物馆藏的广东产青釉大罐

图15 黑石号沉船出水的装满长沙窑瓷碗的广东大罐

图16 阿莱皮蒂海滩，这次调查并没有找到当年发掘的遗址

只好根据当年的发掘照片，和现在的地貌进行比对，但毕竟已经过去了四十多年，找了三个小时无果而终，我们带着遗憾离开，并寄希望于合作单位的学者能继续探寻。

亭可马里——斯里兰卡最大的军民两用港

亭可马里位于斯里兰卡东部省，是一处天然良港，目前是斯国最大的军民两用港。随着斯里兰卡首都从阿努拉德普勒迁到波隆纳鲁瓦，亭可马里作为新首都的外港逐渐繁荣起来，是11世纪以后斯里兰卡最重要的港口，也是我们此行重点考察的地方。

3月4日下午，我们到达亭可马里，拜访了中央文化基金会在当地的考古工作站，当地考古工作的负责人很年轻，大学毕业于英国，英文非常好，而且对中国瓷器也比较熟悉。通过交流，他非常欢迎我们来合作进行发掘项目。亭可马里开展考古工作相对较晚，而且由于是军港，很大的一块地方被军方占用，无法进行考古调查与勘探，其他地方也被现代民居所叠压。目前只有一块地方，他们经过和当地政府的多次协商，才被允许进行考古调查。在这个地方，他们开挖了一条探沟，出土了很多的陶片。

当地考古项目负责人带我们去现场踏查，这是整个亭可马里港口区域仅有的一块空地，原来是学校，据说现在要改作他用。经过现场勘查，我们认为该地块被晚期人类活动破坏得很严重，仅留下了新石器时代的地层。对于我们而言，这个地方并不是非常理想的发掘点。离开这个遗址点的时候，太阳渐渐落山（图17）。

在亭可马里南边约25公里的伊拉凯特莱（Ilankaturai），据当地考古部门调查，也发现了一处港口遗址，并且发现了中国的瓷器、建筑构件与人工水塘，可惜由于当天时间紧张，没法到现场进行调查，但这将是我们今后重点关注的地方。

（本文部分节选内容曾发表于《澎湃新闻》2018年10月29日，今略作修改补充，完整发表。）

图17 亭可马里，远处即为进行考古试掘的空地

尚实重用：明清时期江南家风家训的务实特色

Practicability: the family precept of the Ming and Qing dynasties

撰文/叶舟

家风家训，顾名思义就是家庭或者家族的教育，最初是指长辈留给后人的说教和训诫，此后随着家的发展演变，渐渐发展成为全体家庭或者家族成员所共同遵守和传承的行为规范，也延伸出了如家约、家训、家风、家规、家法、家范、家诫、家劝、庭训、遗训、遗诫、规范、世范、劝言、族规、族谕、宗约、宗规、公约、祠约等名词。综观中国传统社会的家风家训，基本内容其实相差无几，对子弟进行国家所倡导的"三纲五常"的人情伦理教育是基本出发点，伦理道德是宣扬的永恒主题，"叙人伦""联宗族"是共同的宗旨。但正如古人所言："百里不同风，千里不同俗。"一个地域甚至一个小地区，家训也会有自己的特色。

就江南地区而言，其家风家训虽然是整个中国传统社会家风家训的一个组成部分，但同时由于自然地理环境及其本身所特有的文化传统，其家风家训有着属于自身的鲜明特色。从唐代开始，江南的繁盛富庶渐渐闻名于全国。两宋以后，"苏常熟，天下足"已经成为时人流传的俗谚。明清时期，江南的发展达到鼎盛，农业和手工业生产始终走在全国前列，商品生产发达，商品流通规模空前，全国各地地域商帮云集，城市迅速发展，涌现出大批市镇，形成全国少见的城镇群，都市化、世俗化和平民化倾向越来越占据主导地位。在这种商业繁荣气氛的渲染之下，江南文化形成了一种务实理性的特点，而这种特点也同样反映在江南家风家训中，形成了一种尚实重用的特色。

一　经世致用，不务空虚

"经世"一词最早见于《庄子·齐物论》："夫道未始有封，言未始有常，为是而有畛也……六合之外，圣人存而不论；六合之内，圣人论而不议；春秋经世，先王之志，圣人议而不辩。"此处"经世"一词基本可以解释成"阅历世事""经历世事"。"经世"一词被冠之于儒家并引申出"经世济俗"这一含义是在南北朝时期，其创辟者大概是东晋时的葛洪。《抱朴子》内外篇中，"经世"一词凡七见，且含义均为"经世济俗"，如"夫升降俯仰之教，盘旋三千之仪，攻守进趣之术，轻身重命之节，欢忧礼乐之事，经世济俗之略，儒者之所务也"。从此以后，"经世"之意便与"经邦治国""经理世事"联系在一起。千百年来，"经世"成为士人们赖以安身立命的一个信条。不过，经世意识的强弱、显隐程度在不同时期、不同区域、不同学派之间存在着较大差异。在其发展历程中，江南地区一直是经世思想阐述和传播的中坚力量，几乎在传统社会的每个时期都发挥着至关重要的作用。

早在宋初，海陵（今江苏如皋）胡瑗便提出“明体达用之学”，成为经世思想的先驱。北宋范仲淹推行庆历新政，便是在“明经政用”的思想指导之下进行的。到了南宋，吕祖谦的“婺学”开“浙东之学言性命者必究于史”的学风，其影响至近代不绝。而以陈亮为代表的永康学派和以叶适为代表的永嘉学派提倡事功之学，更是成为经世之学的一个高潮。

明代余姚人王守仁（世称“阳明先生”）针对“知行分裂”的弊病，强调“知行合一”和“践履之学”，虽然他主张“明心见性”，但更认为“人须在事上磨练，做功夫乃有益”，要求“不是悬空的致知，致知在实事上格”“若离了事物为学，却是着空”。他本人无论是在学术上还是在事功上成就都很突出，被看作是一位体现了“内圣”与“外王”高度统一的完善人格的典型人物。他的学术与事功统一的思想，在明清之际的东林学派和黄宗羲等学者那里得到了进一步的发展，他们用“经世致用”来纠正王门后学中空谈心性的流弊，关心和积极参与社会政治问题，由此掀开了“经世致用”之学的新篇章。

明亡以后，江南地区的知识分子，如昆山人顾炎武、余姚人黄宗羲及长期居住在苏州的唐甄等从沉痛的历史反思中，认识到空疏不实的学风所造成的严重社会危害及历史恶果，主张研究“修己治人之实学”，大力倡导“由虚返实”“崇实黜虚”“经世致用”的学风，由此在整个学术界形成了一股强大的经世思潮。此后在乾嘉考据学如日中天之际，江南学者依然保持着其学术的独立性，始终没有丢掉“躬行实践”和“经世致用”的传统，具有鲜明的政治、社会主张。乾隆间，吴江人陆耀编纂《切问斋文钞》，上承《明经世文编》之余绪，下启晚清《经世文编》之热潮，且一改《明经世文编》以人物为中心的编纂形式，代之以类别为中心，标志着经世思想开始逐渐变成一种更有系统的学问。常州一地的学者则坚持“明天道以合人事”的主张，常州学派如梁启超所言，“在乾嘉间考证学的基础之上，建设顺康间‘经世致用’之学”，显示出特立独行的风尚。

由于“经世致用”思想在江南蔚为风尚，很多家族在家风家训中也常有相关论述。如冯班在《家戒》中便对读书不能致用者进行了激烈的批评。其曰：“诵农黄之书，用以杀人，人知为庸医也；诵周孔之书，用以祸天下，而不以为庸儒，我不知何说也。庸儒者，非孔子之徒也，不惟一时祸天下，又使后世之人不信圣人之道。”(1)明代学者唐顺之称：“诸子百家之异说，农圃、工贾、医卜、堪舆、占气、星历、方技之小道，与夫六艺之节脉碎细，皆儒者之所宜究其说而折衷之。”(2)其无锡分支后裔、近代著名实业家唐骧廷的祖父唐懋勋继承了家族传统，“少读书，不屑于章句之末”(3)。吕思勉家族的家训也强调“用觇实学，勿务虚名”(4)。常州武进余巷冯氏则认为“子弟必令读书”，但是“不可挂名读书，全不晓田家作苦”，所以必须亲自参加劳动，“读书暇日或值农忙，即令暂习胼胝，庶并行不悖”(5)。

江南家族对经世致用的强调并不仅仅停留在口头上，而是一以贯之于实践。常州恽氏的恽鹤生是著名学者、颜李学派代表李塨的弟子，他曾经在家训中告诫子弟曰：“天下之病，小人中于伪，君子中于虚，君子以虚美相高，无实学以拨天下之乱，小人益务于伪，不可救止，故为学当以经世为务，勿徒以文字为也。”(6)他“晚归常州，为一乡祭酒，故家子弟多从游。庄兵备柱尤重其笃行，勉其群

(1)（清）冯班：《家戒》，载楼含松主编《中国历代家训集成》第6册，浙江古籍出版社2017年，第3473页。
(2)（明）唐顺之：《荆川稗编》卷首《自序》，万历九年刻本。
(3)（清）唐锡晋：《从父景溪翁暨配葛太恭人家传》，载唐宗海修《毗陵唐氏家谱》，1948年铅印本。
(4)（清）吕金诚等：《毗陵吕氏族谱》，光绪四年木活字本。
(5)（清）冯锦标：《武进冯氏宗谱》卷一，光绪三十二年伦正堂木活字本。
(6)恽宝惠等：《恽氏家乘》，1949年光裕堂铅印本。

从，必以皋闻为法。其后常州问学之盛为天下首，溯其端绪，盖自皋闻云”(7)。庄柱即常州今文经学创始人庄存与的父亲，他受恽鹤生熏陶，平日强调的就是躬行实践(8)，其影响所及，推动了庄存与的经学转向。另一位今文经学大家刘逢禄是庄存与的外孙，他曾提到母亲庄氏受她父亲庄存与、祖父庄柱教育的情况：“南村公邃于理学，尝授以《毛诗》《小戴记》《论》《孟》及《小学》《近思录》《女诫》诸书。外王父礼部侍郎方耕公为当代经学大儒，又获闻六艺诸史绪论，故自幼至老，酷耽书籍，马、班、范、陈诸史，温公之《通鉴》，尤周览不倦。”(9)刘逢禄所在的西营刘氏家风同样如此，刘逢禄叙其父之学云：“为诗文，始学汉魏六朝人，为之自以为弗至也，退而学杜子美、苏子瞻，曰：‘可以见吾性情也。’所著诗文集三十卷，藏于家。其学不拘一格，自经史以及律吕星算，外至释典、道藏、灵素之说，无所不窥。又精于曲艺，从人学管弦丹青诸事，每数日月而尽其技。又善弈，工唐人楷法。”(10)正是有这样的家学传统，才会形成常州今文经学经世致用的学术风尚。其流波所及，影响后世，同在常州府的无锡钱氏便是其中代表。钱氏在清中期以后有“三世童子师”之说。钱锺书父亲钱基博曾有评述：“因为我祖上累代教书，所以家庭环境适合于‘求知’。”钱基博、钱基厚兄弟少时除学习国学外，伯父钱熙元还为两人开设历史及史论课程，教诲侄子“援古证今，有所取法”。钱基厚回忆道：“叔兄（钱基博）治兵家言、读史、熟于地理，故凡古今兵事成败得失及其形势厄塞所在，皆能抵掌而谈，言之凿凿。”(11)七房桥钱氏也相仿，钱穆祖父手抄《五经》、点批《史记》，钱承沛以及所聘塾师授钱穆兄弟儒经、史籍、中外地理、《三国演义》等，其广博性和应世性也颇明显。(12)

正是对实用之学的强调，使得江南的家风家训教育相对于其他地方更加注重技能的教育。中国古代选官以儒家文化为主，重人文而轻科技，反映在官学教育上也是如此。家族教育虽然不可避免地受到了选官文化的影响，但仍然是自然科学和技能等传播的重要阵地，甚至是最主要的途径。科学、医学、工艺等技术和文化，并没有因为统治阶级的冷落和轻视而失传，反而通过家学的传承得以保存并发扬光大，这不得不归功于家族教育。如无锡华蘅芳（字若汀）7岁从师，曾被视为“鲁钝之尤”。初学《大学》，读百遍仍难成诵；14岁时学作时文，更常被塾师涂划大半。如是经年，塾师竟称“此子不可教”，辞别而去。后华翼纶回家自课子业，以为并非儿子鲁钝，而是教育不得法，读书不能按文意的断续转折来诵读，其不能作文之症结也在于此。于是他“教若汀读书法，每读一文，必书其节拍转折，抑扬顿挫以读之”。经父亲指授，不足两个月，华蘅芳学业已有大进(13)。更令人称道的是，华翼纶十分注重因材施教。华蘅芳少时即嗜好数学，且颇有天赋，家中所藏算学书籍，在他14岁时已读不少。明人程大位所著《算法统宗》集宋元以来数学之大成，他竟然几天就读完该书残本，并能照其原理运算。华翼纶见此，不仅未以有碍于科举功名而阻止，还特地聘请邑中精于数学的邹敬甫为之讲授、指导。华蘅芳能在当时成为数学家，颇得益于此。如果荡口（今属鹅湖镇）华氏没有经世致用的理念和教育目的，不要说

(7)（清）戴望：《颜氏学记》，中华书局1958年，第262页。

(8)（清）彭启丰：《芝庭诗文稿》卷五《中宪大夫浙江海防兵备道庄君墓志铭》，载《四库未收书辑刊》编纂委员会编，《四库未收书辑刊》第9辑第23册，北京出版社1998年。

(9)（清）刘逢禄：《刘礼部集》卷一〇《先妣事略》，《续修四库全书》集部1501册，上海古籍出版社1995年。

(10)（清）刘逢禄：《刘礼部集》卷一〇《先府君行述》。

(11) 钱基厚：《〈衣钵集〉序》，载氏辑《孙庵幼年塾课选辑》卷首，1961年稿本。

(12) 钱穆：《八十忆双亲·师友杂忆》，载氏著《钱宾四先生全集》51册，台北联经出版事业公司1998年，第7–9页。

(13) 丁福保：《畴隐居士自订年谱》，载北京大学图书馆编《北京图书馆藏珍本年谱丛刊》第197册，北京图书馆出版社1997年。

华蘅芳不能成为近代数学宗师，甚至有可能被“鲁钝之尤”的评价埋没一生。受家风影响，华蘅芳弟弟华世芳亦成为清末著名数学家。

江南的家族中，还产生过众多医学世家、工匠世家，这也和家风家训教育中对实用技艺的重视密切相关。如上海的青浦何氏便是医学世家的代表。何氏先祖随宋室南渡居青龙镇（今青浦区白鹤镇青龙村）。绍兴年间（1131—1162），何氏家族的何彦猷官任大理寺丞，秦桧诬陷岳飞时，他据理力争，被万俟卨所劾，弃官行医，从绍兴十一年（1141）始，在京口（今江苏镇江）的十字街行医。以后何氏子孙繁衍，医学绵延。绍定年间（1228—1233），何侃任浙江严州淳安县主簿，任满后归隐于医，成为江南何氏医学世家的第一位名医。此后至今八百年来，何氏家族涌现出有传记可考的医生350余人，编著有医论、医案、方药等著作130余种，“不仅在我国历史上诚无多见，即在世界医史上，亦从未之闻”(14)。

清代学者阮元等人所编的《畴人传》，共收明末以后的各地天文、数学方面的学者220人，籍贯确切可考者201人。其中，江苏75人，浙江44人，安徽32人，江西12人，其他省份均不超过10人。江南人占了一半以上，这充分说明江南地区科技人才众多而密集。2000年，全国科学、工程两院院士人数，按城市排名，前十名依次为：上海（84）、苏州（83）、宁波（70）、无锡（65）、福州（49）、绍兴（45）、常州（43）、杭州（41）、北京（36）、嘉兴（30）。除了北京、福州，其余都在江南地区。这和江南家族对实用之学的重视密切相关。

二　各业皆本，重视治生

中国传统社会阶层的分野一般是以“四民说”为基本内涵，关于“四民”说，《管子·小匡》和《国语·齐语》中都有记载，如“士农工商四民者，国之石民也，不可使杂处，杂处则其言哤，其事乱，是故圣王之处士必于闲燕，处农必就田野，处工必就官府，处商必就市井”（《管子·小匡》）。进入秦汉以后，“四民”的社会秩序基本确立，《汉书·食货志》称：“学以居位曰士，辟土殖谷曰农，作巧成器曰工，通财鬻货曰商。”“士农工商”的结构体系一方面从根本上突出并保障着士子们独特的社会地位，使之稳定地居于“四民之首”；另一方面则确定了传统国家实施政治统治的基本国策，即“农本商末”或“重农抑商”，并为历代王朝所遵循。如清世宗登基后不久便发布上谕：“朕惟四民，以士为首，农次之，工、商其下也。”（《畿辅通志》卷三）按照传统的观念，四民各有定业，而后民志可定，而民志一定，则天下大治，但是事实上，四民结构并不一定是牢固不变的。

宋元以后，江南商品经济迅速发展，明中期的丘濬便言：“今夫天下之人，不为商者寡矣。”（《重编琼台稿》卷一〇）到了明后期，江南地区社会更是发生了剧烈变化。朝廷赋役的加重，农村土地兼并的加剧，导致传统社会统治基础的分崩离析。江南地区商品经济的发展，促进了地域专业化和社会分工的扩大，使得商业的作用越来越明显，商业利润也越来越可观，在社会上引起了巨大的震动，越来越多的人开始从事商业活动。顾炎武便曾言：“至正德末嘉靖初，则稍异矣，出贾既多，土田不重……迨至嘉靖末隆庆间，则犹异矣。末富居多，本富尽少。”(15)清代这种情况愈加显著，“昔之为农者或进而为士矣，为贾者或反而为农矣；今则由士而商者十七，由农而贾者什七”(16)。所以民众的观念便从“末流乃负贩”变成了“群习懋迁理”(17)。一些人开始用新的眼光来看待社会地位的排列和四民职业的选择。

---

(14) 何时希：《何氏八百年医学》，学林出版社 1987 年，第 20 页。

(15)（清）顾炎武：《天下郡国利病书》卷九《歙志风土论》，《顾炎武全集》第 13 册，上海古籍出版社 2011 年，第 1025 页。

(16)（清）洪亮吉：《卷施阁文甲集补遗·服食论》，载氏著《洪亮吉集》，中华书局 2001 年，第 240 页。

(17)（清）钱维乔：《竹初诗钞》卷一〇《鸡鸣起》，《续修四库全书》集部第 1460 册，上海古籍出版社 1995 年。

江南地区自南宋以来，便有学者为经商辩护，发表商业消费正当性的言论。明代时这种言论更加常见，王守仁就提出："古者四民异业而同道，其尽心焉，一也。士以修治，农以具养，工以利器，商以通货，各就其资之所近、力之所及者而业焉，以求尽其心。其归要在于有益于生人之道，则一而已。士农以其尽心于修治具养者，而利器通货，犹其士与农也；工商以其尽心于利器通货者，而修治具养，犹其工与商也。故曰：四民异业而同道。"(18)余英时明确指出，王阳明的这段言论适应形势，承认了社会的变化："16世纪以后的商业发展也逼使儒家不能不重新估价商人的社会地位。"(19)东林党也呼吁重工重商，到了明末清初，黄宗羲更是旗帜鲜明地提出"工商皆本"论，昭示了中国社会从传统的以农为本转向以工商为本的新趋向。这些言论从根本上撼动了"重本抑末"的传统思想，客观上为明清工商业的发展提供了理论依据；对于解放人们的思想、推动明清江南商品经济的发展起到了积极作用。

这种思潮也同样反映在江南地区的家风家训上面。自宋代起，苏州人袁采以及吴中叶梦得等已纷纷主张："如不能为儒，则巫医、僧道、农圃、商贾、技术，凡可以养生而不至于辱先者，皆可为也。"(20)"治生不同。出作入息，农之治生也；居肆成事，工之治生也；贸迁有无，商之治生也；膏油继晷，士之治生也。"(21)在这里，除了士为四民之首不变之外，工商亦可为生计，一直以农为本的重农思想有所转变。明清之后，这种观念的转变表现得更为明显。

苏州武山吴氏《咏风堂纂训》中便议论道："人生会当有业，农民则计量稼穑，商贾则讨论货贿，武胤则惯习弓马，文士则讲究经书。多见士大夫子弟耻农商、羞工伎，射既不能穿札，笔则才记姓名，醉酒饱食，以此终年。或因家世余绪，得一阶半级，便自为足，全忘修学。及有吉凶大事，议论得失，蒙然张口，如坐云雾。公私宴集，议古商今，塞默低头，欠伸而已。""子弟禀性拙钝，莫将举业久困，早令练达公私百务。大都教子，正要渠做好人，不要渠定做官。农桑本务，商贾末业，书算医伎，皆可食力资身。人有常艺，则富不暇为非，贫不至失节。男子贤愚不齐，士农工商各安其业，无忝祖先已矣。"(22)这段话的主旨在于劝勉子孙积极治生。其中不仅未贬斥工商，视其为"常艺"之一，反而对"士大夫子弟耻农商、羞工伎"给予辛辣嘲讽，所作批判酣畅淋漓，切中时弊，不仅大大冲击了"重本轻末"的传统观念，也为"各业皆本"观念的流行造就了一定的舆论声势。

江南家族为确立"各业皆本"观念的合法性，多将其溯及东汉邓禹的故事，如"士农工商，各有其业。后汉邓禹使其子各执一业，故泽流后嗣，此当法也"(23)。但其实更多的是受到了明清时期启蒙思想中以立人为先、人格平等思想的影响。东林领袖高攀龙在制定家训时，便将"吾人立身天地间，只思量作得一个人，是第一义"(24)之语作为第一条。这一观念落到实处，便是如晚清名门盛宣怀家族的家谱所言："天下事，利害常相半，惟读书则有利而无害。不问贵贱、老幼、贫富，读一卷便有一卷之益，读一日便受一日之益。读书变化气质，即资性愚钝，多识几字，习他业亦觉高人一等，非止拾青紫、取荣名已也。"(25)也就是只要做

(18)（明）王守仁：《王文成公全书》卷二五《外集七·节庵方公墓表》，中华书局2015年，第1081页。
(19)余英时：《中国近世宗教伦理与商人精神》，安徽教育出版社2001年，第198页。
(20)（宋）袁采：《袁氏世范》，载楼含松主编《中国历代家训集成》第2册，第740页。
(21)（宋）叶梦得：《石林治生家训要略》，载楼含松主编《中国历代家训集成》第1册，第291页。
(22)《武山西金村吴氏世谱》卷二，康熙二十二年木活字本。
(23)《左氏宗谱》卷一，光绪十六年木活字本。
(24)（明）高攀龙：《高子遗书》卷一〇，《文渊阁四库全书》第1292册，台北商务印书馆1983年。
(25)《龙溪盛氏宗谱》卷一《家训》，1943年敦睦堂木活字本。

到读书明理，不管从事什么职业便都是正当的。无锡荣氏《家训十五条》就在其“蒙养当豫”条中写道，族中子弟接受教育，“他日不必就做秀才、做官，就是为农、为商、为工、为贾，亦不失为纯谨君子”[(26)]。华亭泗泾秦氏家训“教子孙”条也有类似规定：“为父母者，当教之（子弟）知礼义、习经史，穷可师友，达可卿相，光我门户；若资禀庸下者，亦当教之粗知礼义、节文、廉耻，务农桑、学技艺、勤俭劳，庶不放逸其心志。”[(27)]

正是在这样的思想推动之下，虽然还有部分家族的家训在论及职业差别时有本末贵贱之分，如言“即在农商，亦不失××”，又或称“若资禀庸下者，亦当××”，但在很多家族的家风家训中，“各业有分而皆本”的观念已经渐渐通行：“士农工商，各有职业，士则穷经稽古，农则易耨深耕，商贾虽云逐末，而贸迁有无，亦属治生之道。盖劳则善心生，逸则恶心生，倘游手好闲，骄奢淫逸，所自来矣。诚各按本分，各勤己业，则上之可以光前裕后，次之亦可饱食暖衣。”[(28)]在时人的眼中，重要的不是行业，而在于是否恪守本职，“士农工商业虽不同，皆是本职，勤则职业修，惰则职业隳”[(29)]。人的资质或有所差异，但不能绝对地说是此优彼劣，更不能以此划分职业贵贱，只要读书明理，就是正途正业，这就是“各业皆本”理念。吴县大阜潘氏家族规定：“习业谋生足以自立，与读书应试无异，亦应推广成就。”由此引伸，对子弟先进行基础教育，培养道德，塑造品格，之后再因材施教，转向专门化的职业教育，也成为各家族的共识。如盛宣怀祖父盛隆在《人范须知》中曾言：“子弟七八岁，无论敏捷，俱宜就塾读书，使粗知义理。至十五六，然后观其质之所近与其志向，为农、为工、为士，始分其业。”[(30)]

在承认各业皆本的前提下，原来居高临下、位居四民之首的“士人”也开始关注生计和金钱。在传统的中国社会，读书中举步向仕途，是莘莘学子奋力追求的目标，也是实现自身价值的唯一途径。但是宋元以后，一方面，士人虽然可以通过科举考试进入统治阶层和精英文化圈，但与先秦的原初儒者不同，他们大多出身于地方平民阶层，尚不能完全以业儒为治生手段，特别是随着科举考试录取人数比例越来越低，必须要有更加多元化的谋生手段才能维持生计。另一方面，随着江南商品经济的发展，士人不再拘泥于读书入仕一途，发财致富也成为实现自身价值的途径。他们开始承认，士人也要维持生计，下层文人要养家糊口，上层文人要发家致富，所以“治生”也成为家风家训中的一项重要内容。

“治生”一词，语出司马迁《史记·货殖列传》：“盖天下言治生祖白圭。”后多为历代所采用，言即通过授徒、游幕、行医、问卜、业农、经商等手段谋生。文人从事治生活动，可上溯到春秋战国时期，范蠡更是江南文士治生的最早典型代表。孔子所言“君子爱财，取之有道，用之有度”，更一直被世人奉为圭臬。

宋代，叶梦得著《石林治生家训要略》专门讨论治生之道，成为讨论治生的第一部家训著作，并成为后世很多家训纷纷借鉴的典范。文中首先承认治生的合理性：“人之为人，生而已矣。人不治生，是苦其生也，是拂其生也，何以生为？自古圣贤，以禹治水，稷之播种，皋之明刑，无非以治民之生也。民之生急欲治之，岂己之生而不欲治乎？若曰圣贤不治生，而惟以治民之生，是从井可以救人，而摩顶放踵利天下，亦为之矣。非圣贤之概也。”其次提出治生不应利己而妨人，而应义利兼顾的观点：“治生非必营营逐逐，妄取于人之谓也。若利己妨人，非唯明有物议，幽有鬼神，于心

(26) 荣德生：《人道须知》，《荣德生文集》，上海古籍出版社2002年，第561页。

(27)《泗泾秦氏宗谱》卷一，1917年铅印本。

(28)《钱氏菱溪族谱》卷一《家训·勤本业》，1929年惇彝堂木活字本。

(29)《龙溪盛氏宗谱》卷首《宗规》。

(30)（清）盛隆辑，盛宣怀等校：《人范须知》，同治二年刻本。

不安，况其祸有不可胜言者矣，此岂善治生欤？盖尝论古之人诗书礼乐，与凡义理养生之类，得以为圣为贤，实治生之最善者也。”(31)由此可见此时治生观念已经具有较大的包容性和开放性，既能够满足个体生存的需要，又不违背儒家的义利思想，对于利益的追求既持肯定的态度，以满足个体和家族成员的生存需要，同时又强调了“利”必须符合“义”的原则和要求，力求达到义利统一。

到了明清时期，士商的对立关系在商品经济的作用下逐渐消除，对利的追求就成为天经地义的事情，治生观念更加普及。海宁人陈确在其《学者以治生为本论》一文中提出，文人从事治生也是一种本事，和那些庸俗利虫不同：“凡父母兄弟妻子之事，皆身以内事，仰事俯育，决不可责之他人，则勤俭治生洵是学人本事。而或者疑其言之有弊，不知学者治生绝非世俗营营苟苟之谓。”对于读书、治生二者的关系，陈确认为两者都是“学人之本事，而治生尤切于读书”，“故不能读书，不能治生者，必不可谓之学；而但能读书、但能治生者，亦必不可谓之学。唯真志于学者，则必能读书，必能治生。天下岂有白丁圣贤、败子圣贤哉！岂有学为圣贤之人而父母妻子之弗能养，而待养于人者哉！”(32)桐乡人陆以湉则更进一步，认为商贾若不失“义理”，也是一种“可为者”：“士君子当以务农为生，商贾虽为逐末，亦有可为者。果处之不失义理，或以姑济一时，亦无不可。若以教学与做官规图生计，恐非古人之意也。审乎此，则知所为治生者，必准乎义之所宜，岂导人趋利哉？”(33)

这种思想也影响到了家风家训，如常州恽氏的恽苏在家训中便称：“儒者非财，无以养廉，《大学》平天下，亦不废生财，则财岂特养廉而已，将以济人而利物，无之，不足行吾志也。”(34)即只要为了崇高的目的，士人也应该生财，这样不仅可以养廉，更可以济人利物。常州余巷冯氏则公开宣称“读书亦是谋利”，只不过不管读书是不是为谋利，都必须“以修行为主”，“读书则将圣贤言语实体诸身，谋利则非力不食，非义不取”。如果不能修行，“即贵为卿相，富比陶朱，与犬豕无异也”(35)。更有很多江南家族，为了维持生计，鼓励子弟经商。清代苏州人王维德便这样写道：“子弟弱冠，而不能业儒，即付以小本经营，便知物力艰难。迨其谙练习熟，然而付托亲朋，率之商贩，则子弟迫于饥寒者鲜也。”(36)橘社金氏桐溪公训诫子孙：“虽作客江湖，当以养父母、蓄妻子、撑持门户为身上要事，念念在心。”(37)子孙应当以养家为重，无疑促使子孙想方设法地努力营生。江南家风家训中一改曾经“君子耻言利”的书生相，涉及治生理财方面的内容越来越多。很多家训还将治生的经验与教训郑重地写入，或是议论揭示治生意义，或是具体指导治生方法，以告诫后世子孙。如明代吴江周用便提示治生方法：“每年田租算供一岁之需，稍有所余，以备水旱及意外之费。至次年乃复如是，以旧存者置田。”至清代六世孙周灿所撰的《读家训规条》中亦有“治生条”，以为“三耕余一国之经也，酌盈济虚，家之道也，水旱有备不可狃也。广我南亩，庶可久也。子母之利，不毋求也。求之而得亦我尤也，况其追逋止取咎也，纵焚其券，不尔德也”(38)。其家治生观一脉相承，只是由过去的“算田亩”发展到求“子母之利”。诸如此类“生理”“营生”“经济”的言论在明清家训中屡见不鲜。

(31)（宋）叶梦得：《石林治生家训要略》，载楼含松主编《中国历代家训集成》第1册，第291页。
(32)（清）陈确：《文集》卷五《学者以治生为本论》，载氏著《陈确集》，中华书局1979年，第158页。
(33)（清）陆以湉：《冷庐杂识》卷三《治生》，上海古籍出版社2012年，第86页。
(34)恽宝惠等：《恽氏家乘》卷一。
(35)（清）冯锦标：《武进冯氏宗谱》卷一。
(36)（清）王维德：《林屋民风》卷七《教子》，《四库全书存目丛书》史部第239册，齐鲁书社1996年。
(37)（清）金孝坤等：《橘社金氏家谱》卷六，乾隆元年刻本。
(38)《周氏族谱》卷一，1915年木活字本。

传统中国的很多家族，甚至包括那些商人世家，经常避讳自己从事商业贸易，但是明清以后，在江南商人家族的家风家训中对于如何经商赚钱却已经写得非常详细，直言不讳。如太湖洞庭东西山曾经产生过中国著名的商帮——“洞庭商人”，世称“钻天洞庭”，其代表席氏家族在明清时开设的书坊“扫叶山房”，在中国文化史上可占据一席之地；晚清后席氏又从事洋行买办，影响深远。席氏家族的席洙在其《居家杂仪》中便如此训示后代：“教子弟或攻书，或服贾，或务农，视其材质而措置之，无枉其器，业有所授，亦必责其成功。”“凡生子未冠之时，上不能攻书，下不能务农，年及十五六岁，须烦亲识带领出外，早学生理，自幼琢磨，庶肯受人之教，他日必有成也。”他还强调，经商时“不论资本多少，惟要勤谨赶趁，置脱得宜，其利自生，交易公平，自然悠久”，也就是说，经商最重要的并不是资本的厚薄，而是商人的态度和眼光，如若一贯秉持勤劳谨慎的态度，看准时机，适时买入卖出，利润自然会产生，再加上公平交易，买卖源源不断，自然做得长久。所以生意做得好坏并不一定要建立在深厚的资本基础上，凭借经商者的个人勤谨态度以及敏锐的眼光亦可有所成就。子弟在外经商，席洙谆谆训诫其尤忌吃花酒、滥赌博，不仅“误营生”也“靡费资本”，得不偿失。在交易过程中，席洙特别提出银钱的支付问题，告诫其子弟一定要注意“切不可使伪银，但用成色银”，一方面自己不能使伪银，另一方面也要严防他人，否则，钱花不出去，白白受损，甚至亏本。[39]席家本居于太湖之滨，其所开辟的商路亦以沿长江一线居多，因而水路贩运货物是必然。故席洙在家训中特别列出“雇船”一条。席洙结合自身多年经商体验，总结出一套“生意经”，并将其事无巨细地一一训示子孙，幸而后世子孙并未辜负他这一番良苦用心，在其子席端樊、席端攀的努力下，洞庭席家开始真正闻名商界。由此可见，明清江南商品经济繁荣，孕育出众多商帮商人，家风家训在这方面或多或少是有所助益的。

余语

与同时代其他地域的家风家训相较，明清江南家训崇尚实用、关注治生、各业皆本的这些特点引人注目，尤其是它对业贾经商所持的宽容态度为他地所不及。它并不固守传统的“重农抑商”思想，不仅不歧视商贾，反而积极鼓励从事工商业，这就为整个社会工商皆本思想的普遍流行提供了舆论支撑，进而对明清江南商品经济的发展产生了深远影响。因而，在明清江南商品经济日益发达的道路上，宣扬工商皆本观念的家训其实扮演了十分重要的角色，一定程度上起到了助推的作用。但另一方面，也必须承认，在传统社会结构没有真正改变之前，“士农工商”的四民结构并不会产生真正的改变，大部分人包括士人之所以艳羡商人，是因为他们以为从商可以轻松致富。不过，他们又都清醒地认识到，没有权势作后盾，财富往往难以长久保持。所以王士性才说，缙绅之家尽管以经商致富，但“非奕叶科第，富贵难于长守，其俗盖难言之”[40]。这一情况就决定了通过经商手段而发财致富的人最后又必须回到求仕的老路上来，难怪洞庭席氏在家训中感叹：“苟能出仕，荣耀门闾，尤为上等事业也。”他决定“凡我山乡但有二三子，可将一子稍敏者，专于读书，昼夜苦攻，必有成者”。[41]徽商子弟汪道昆有以下极为精辟的阐述：“夫贾为利厚，儒为名高。夫人毕事儒不效，则弛儒而张贾；既则身向其利矣，及为子孙计，宁弛贾而张儒。一张二弛，迭相为用。”[42]而商人地位的真正提高则要到近代了。

(39)（明）席洙：《居家杂仪》，载（清）席彬纂《虞阳席氏世谱》，光绪七年敦睦堂木活字本。

(40)（明）王士性：《广志绎》卷四《江南诸省》，《元明史料笔记丛刊》，中华书局1981年，第70页。

(41)（明）席洙：《居家杂仪》。

(42)（明）汪道昆：《太函集》卷二五《海阳处士金仲翁戴氏合葬墓志铭》，《四库全书存目丛书》集部第117册，齐鲁书社1997年。

随州羊子山出土神面卣风格和装饰的源流与工艺(一)

A Study of the God-face Pattern in a Bronze *You*, and the Origin, Development and Techniques of Relevant Decorations (Ⅰ)

撰文/苏荣誉

2007年随州安居羊子山四号墓出土了一批青铜器，数量近二十件，包括爵和簋各三件，方鼎和尊各两件，圆鼎、甗、斝、壶、觯、方罍、圆罍、盘和盉各一件。这批青铜器现收藏于随州市博物馆。其中的一组四件特别奢华，高浮雕、多附饰。包括一对提梁卣（M4：25和M4：27，俗称“神面卣”，下文亦用此名，图1）、一件尊（M4：26，图2）和一件方罍（M4：24，图3）。罍铭“噩侯乍（作）氒（厥）宝隮（尊）彝”，说明这组器物同属某一噩侯。墓主被认为属于一代噩侯，时代为西周早期。业已发表的资料对羊子山神面卣的出土信息披露有限。[(1)]这组青铜器体现了西周早期

图1 神面卣（M4：27、M4：25）

图2 神面尊（M4：26）

(1) 随州市博物馆：《随州出土文物精粹》，文物出版社2009年，第26–27页。张昌平：《论随州羊子山新出噩国青铜器》，《文物》2011年第11期，第87–94页。

图3 方罍（M4：24）

特别的艺术情调，也承载着这一时期实现这种艺术表达的工艺技术，内涵相当丰富，十分引人注目。现笔者不揣浅陋，对这对青铜卣（M4：25和M4：27）的风格和工艺略作分析，并对其风格和工艺的背景略作勾稽，以求正于学界。

羊子山神面卣两件成对，造型、纹饰和工艺一致，唯大小有别。卣（M4：25）较大，经丁忠明先生CT扫描测量，通高495毫米，口152毫米×120毫米，圈足201毫米×162毫米，腹最大尺寸242毫米×197毫米。卣（M4：27）较小，通高425毫米，口128毫米×104毫米，腹径141毫米、底径164毫米×115毫米。为深入探讨该卣的技术内涵，特意对较大的卣（M4：25）进一步进行了X-CT扫描分析，本文即以这件卣为主要研究对象进行分析，而对较小的卣（M4：27）只简略提供一些关键信息。

一　造型风格

该卣由腹、盖和提梁三部分构成（图4）。腹、盖截面为椭圆形，腹部出长子口插入盖高裙中，腹颈部长轴端对设半环与提梁两端半环连接，提梁在长轴两端，横置。

腹部口收敛、鼓腹下垂。平口沿内侧伸出长子口，壁直，子口沿略宽，平沿向内下斜；长子口可与盖配合紧固，且盖缘接在腹口沿后，整体外表依然平滑。原设计配合严密，但因瘗埋三千余年产生变形，扣合形状难以如意。

1.卣腹

卣颈微向内弧收束，前后面中间设圆雕牺首（图5）。牺首长颈的截面呈圆形，接在卣颈部前后面的正中，微微上斜，将牺首头部向外推出，使之获得了较大空间，可装饰得更加复杂。牺首的造型显然属于复合抽象动物。阔口宽脸，一对杏眼斜吊并圆睁，眼珠中间的小圆坑表示瞳仁；眼上眉骨突起，并行线式眉毛清晰；眼后侧张一对心形耳，耳面平而耳背鼓，耳面以阴线勾勒表示耳蜗。额顶耸起一对片状角，从中部对称地向侧面弧弯下披。角根粗大，外面勾云形线。角中部较粗且弧弯，外面以细线勾长雷纹，并与根部云纹接连；角稍明显接在中部，有纵向弧形节线，而角稍成牛角状向下且朝外斜弯，中间勾一道细线。统观双角，形似肥硕蠕虫对称倒立在兽额上，李学勤称之为“披角”。兽头口略张，嘴唇和嘴角有清晰的带状轮廓，并露出上下咬合的

图4 神面卣M4：25（郝勤建摄）

三角形排牙，形若鲨鱼牙齿，一颗上犬牙尖厉且长（图6）。上唇中间向外伸出象鼻，成“S”形竖立，截面方形，光素，鼻头回勾，鼻尖向内极力张开（图7）。整个牺首除眉的平行线和披角面勾线外别无纹饰。

卣颈部与腹部平滑过渡，纹饰注重整体布局。前后面饰同样的所谓大神面纹，颈中牺首被设置在大神面一对角的中间，而牺首的象鼻正位于大神面象鼻的上方，二者上下呼应。因此，牺首应是大神面的组成部分，为其冠饰并以圆雕形式呈现。

卣腹向下垂鼓，被高浮雕大神面满铺（图8）。兽面的口颁开阔，下唇隐匿，上唇轮廓明显，呈带状横在卣腹下边，两嘴角深咧并在端部回

图5 神面卣M4：25 颈部牺首（郝勤建摄）

图6 神面卣M4：25 颈部牺首（郝勤建摄）

图7 神面卣M4：25 颈部牺首（郝勤建摄）

图8 神面卣M4：25 神面（郝勤建摄）

图9 神面卣M4：25 神面象鼻（郝勤建摄）

转外翘，还向外侧横出粗壮獠牙。自唇中间向外伸出象鼻并高高举起，其弧度与腹壁一致。象鼻光素，截面近长方形，鼻尖向外极力张开，并与其外侧的勾牙型扉棱相呼应，扉棱由三个开口向外的长“C”形并串组成，厚度小于象鼻（图9、图10）。象鼻根上方左右有一对圆突，结合鼻上直到额中的较宽的纵向隆起，可以认为这对圆突是鼻翼，隆起的是鼻骨。鼻梁两侧，微斜吊的杏眼圆睁，眼球突出，其中央也有圆形坑点表示瞳仁。眼上的弯眉骨颇为突起，较粗的竖并行线构成的眉略长于眼裂。眼外的一对“M”形耳，面微凹而背略鼓，耳轮外侧成双叉形并向外翘起，耳轮边沿起棱线，内勾随形细线并向线内侧起勾。神面的眉上竖起向外弧弯的角，形近牺首角，但只分两段，前段粗壮，角面中心有随形的窄带状突起；后段斜向下披，角尖及于耳后，低矮光素。耳下嘴角之外孤立突起的带状纹线以及后侧低矮一层的鳍，说明兽面浮突在外层，有若一面具扣在卣腹。我们据此推测，兽面或许是面具。

图10 神面卣M4：25 神面象鼻（郝勤建摄）

图11 神面卣M4：25 内壁下凹（丁忠明摄）

图12 神面卣M4：25 腹内壁下凹（丁忠明摄）

兽耳后即是卣两侧的高扉棱，结构颇为复杂，上段类似鸟的勾喙并出鳍，中间是圆形，下段为鱼尾形，两侧近乎对称的向内回勾的浮凸或为双翅，或为鱼尾形鸟兽饰，但与螺形角的关系依然令人费解（参见图9、图10）。特别值得注意的是，神面为高浮雕类型，并以象鼻处最为突出，其次为鼻梁、角和眼珠，内壁则相应凸凹（图11、图12），这是使壁厚均匀或平滑过渡的工艺措施。卣底微圜，中心铸阴铭三字“乍（作）宝彝”（图13，以下对铭文一律以通行隶定字书写）。

图13 神面卣M4：25 腹内底铭文（丁忠明摄）

图14 神面卣M4：25 圈足纹带（郝勤建摄）

图15 神面卣M4：25 圈足纹带（郝勤建摄）

图16 神面卣M4：25 外底与圈足相接的夹角残存泥芯（丁忠明摄）

图17 神面卣M4：25 圈足内壁下凹内残存泥芯（丁忠明摄）

神面卣圈足分两段，下段约占五分之二，直壁光素，顶面出檐。上段约占五分之三，直径收束，壁内弧，中间饰高浮雕纹带，其上下各有一周突弦纹为边。纹带也是前后面相同，为独特的圆雕蛇首、高浮雕双身、翘起扉棱鱼尾形式。蛇首近乎桃形，上吻中间起窄鼻梁，端头两侧一对圆突为鼻翼，鼻翼上向两侧勾出细线；鼻两侧对称布局一对细长型眼睛，中间突出眼球，其正中有圆凹点为瞳孔，而眼眶的细勾线随面颊向上弧线弯勾并止于额上圆突；额中有菱形凸起，两侧脸面收窄向额弧弯且突出，其下边和中间则凹下（图14）。蛇头根部向两侧蜿蜒伸展身躯，由九个大鳞片构成“S”形，并交错向上下各出浅浮雕鱼尾形鳍；鱼尾形蛇尾向外立起成圆雕，并勾以阴线，既与背面鱼尾形蛇尾对接共享，也与腹部扉棱呼应（图15）。

卣底微圜，外底和圈足内壁为铸造原始表面，应称光洁。外底与圈足相接的夹角内，残留一周泥芯（图16），其中相当一部分是与圈足高浮雕蛇首双身相应的内壁下凹内的泥芯（图17）。

2.盖

神面卣的盖属于穹隆顶、有钮、有檐、高裙的类型，整体造型奢华而别致。

卣盖制高裙不仅在于可纳腹部长子口，而且还在于纹饰结构的对称性，与卣圈足相呼应。虽然盖裙纹带也是高浮雕类型，母题同样是蛇，纹带上下也有突弦纹为边，这些因素和圈足纹带相同，但结构有所变易。圈足为圆雕蛇头双身结构（图18），盖裙则在前后面中间设勾牙式短扉棱，即一个“C”，其两侧各布一蛇头高浮雕并蜷曲的蛇，蛇头形式与圈足圆雕蛇头一致，但面向上方，躯体同样是九节鳞片相递，向扉棱的一鳍为鱼尾形，向上的一鳍和向下的两鳍为三角形。特别是鱼尾（图19）也向外突出如扉棱，并与对面蛇的鱼尾对接共享，两侧也勾阴线，和圈足纹带同样结构，上下呼应。

盖檐尺寸最大，界开盖裙和盖面。穹隆盖面装饰布局对称，前后是高浮雕大神面（图20），结构与腹部神面几乎完全一致，上唇、嘴角、象鼻、鼻翼、鼻梁、眼、眉、耳和双角俱是，不过其一对披角及角下独立的云形凸起较腹部神面清楚。因象鼻耸起略短，象鼻外侧的勾牙扉棱系两“C”并列，且耳下、嘴角外没有凸起（图21）。翘起的耳外也没有似腹部独立的螺形凸起，但与神面相对的两侧装饰构成较腹部明晰。两侧是伏在盖面的半圆雕怪兽：兽头板状，大张的巨口中露出獠牙，上唇向两侧极力扩展并向上勾卷，上勾随形阴线；前端鼻头翘起，尖锐的鼻尖向上回勾，两侧所勾随形阴线与唇线相接；兽头两侧兽眼圆睁，眼尾尖长，眼上有棱鼓的眉骨，也有并行线眉。兽头后接扉棱形躯体，较兽头为窄，由翘起的鱼尾形尾和中间的鳍构成，两侧勾随形阴线，其构图或有可能来自于鲸。此二扉棱形兽与神面的扉棱形象鼻一起，类似于四道扉棱，分别与卣腹前后的象鼻和两侧的扉棱呼应。

图18 神面卣M4：25 盖裙纹饰（苏荣誉摄）

图19 神面卣M4：25 盖裙纹饰（苏荣誉摄）

图20 神面卣M4：25 盖面神面（郝勤建摄）

图21 神面卣M4：25 盖面神面（郝勤建摄）

图22 神面卣M4：25 盖钮（郝勤建摄）

图23 神面卣M4：25 盖内壁（丁忠明摄）

盖面两象鼻和两鱼尾形兽尾形象接近，且位置相同，盖中央一圆圈大体切于它们的根部，圈中央设圆柱形钮，钮帽由前后神面相合而成（图22）。神面与腹、盖神面结构一致，嘴角、眼、眉和角俱俏，只是侧张的耳近乎半圆形，中间横阴线表示耳蜗，且前后神面对接共享；上唇竖起的“S”形象鼻截面呈方形，唯比例过大，体量较小，外侧不设扉棱，与盖神面的象鼻呼应；额上对耸的披向两侧的大角，除中段向内侧出鳍外，其余与腹部兽面的角酷似，并与盖面鱼尾呼应。

盖内壁迹象复杂：正中铸三字阴铭“乍（作）宝彝”（图23）；长轴两端各有一个凹坑，铭文“乍”两侧有长条形下凹，“彝”字下有左斜的凹槽（图24）。

3.提梁

神面卣提梁属带状，呈倒“U”形。顶面正

图24 神面卣M4：25 盖内壁（丁忠明摄）

中横置“C”形“云板”，两弧弯处饰圆雕牺首，两端外侧饰圆雕兽头，内侧出环，与卣颈部半环连接。

提梁端头兽头（图25）前突，口略张，上下唇俱全，下唇薄而上唇厚，且上唇作台型突出，口侧露出尖厉的獠牙和上下相对的三角形牙齿，口中伸出肥厚而窄长的“S”形舌，舌尖回卷，外侧有四道突棱。头正中自上唇台上有当卢形饰，宽而浮凸，两侧出歧，在额中呈燕尾形。两侧大眼圆睁，下眼睑弓吊，上眼睑长且浮凸，眼珠中有圆凹点；弓形眉骨高突，有并行线眉。眼后对置角形耳，向上弧弯，前面和端部均平，前面勾随形阴线并向两侧出弯枝以示耳蜗，背侧鼓。

额上耸立一对手形大角。根部十分粗壮，向上渐细，前面饰雨燕风筝形纹；角顶为张开的掌形，中间三指作三角形直立，两侧二指向下弧弯，指上勾脊线串三个弧弯的指节；掌外平，中间一长圆形眼，其中同形的眼球外突，中间有短横阴线示瞳仁。眼下的掌边勾两段云纹。掌背部微鼓。兽头中空，有颈，后设一环，穿过颈部的半环与之连接。

兽头后的提梁，内侧近平较宽，外边饰两列鳞片，上边叠压下边，中间形成窄凹槽。提梁是端部兽头的躯体，整个提梁为两只一头双身兽，双身并排向后。

在提梁两个转弯处，各置一圆雕牺首（图26），造型也十分特别，是神面和若干兽头元素的复合体。其面近乎神面，阔口宽鼻突鼻翼，杏眼眼珠中圆凹坑，高眉骨平行线眉，耳与提梁端兽头之耳相同，但耳背近平。其兽口紧闭，额中有菱形凸起。最为特别的是额头一对花蕊形大

图25 神面卣M4：25 提梁端兽头（郝勤建摄）

图26 神面卣M4：25 提梁弯牺首（郝勤建摄）

图27 神面卣M4：25 提梁弯牺首（郝勤建摄）

长角，圆棒形，两花瓣在中间对开，蕊外两道阴弦纹，端部三瓣微张。此牺首颈短，直接从提梁外突起并打破鳞纹躯体（图27）。

提梁顶面中间横置的“C”形“云板”，造型有若一对抽象对鸟或对兽，嵌入提梁之中。

总之，神面卣的装饰十分繁复奢华，但结构上强烈地表现出对称性和均衡性。在对称性方面，不仅腹、盖和提梁的左右对称、前后对称，各个装饰单体或单元，如两种四件牺首、两件兽头、三组神面、两组圆雕一首双躯蛇、两组蟠曲蛇莫不如此。

均衡性首先表现在盖与腹的对应上，其次表现在装饰疏密有致、装饰元素的呼应关系上。盖的结构为钮、盖面和盖裙，卣的结构为子口、颈—腹和圈足，颈与腹结构无间，共饰具有扉棱的象鼻神面，和盖上神面完全一致，且翘“M”形耳、对披下角、深咧嘴角向外翘出、象鼻两侧圆突鼻翼，莫不如此。圈足的圆雕首高浮雕双身蛇，盖裙前后中间因有颈部的牺首，改设扉棱两侧对置蟠曲蛇，但蟠曲蛇和双身蛇的头、身、尾以至于鳍，均完全一致或十分接近，特别是立起的鱼尾形尾，俨然扉棱并与对面共享，非独具匠心不能如此。虽然卣颈部前后设圆雕牺首，盖面没有，但盖顶钮帽确是圆雕神面形，二者功效一致。因此，可以将盖与腹视为结构上的一致和重复。类似情形，在商晚期至西周早期一类饰直棱纹带和鸟纹带的卣上有共同的表现，湖南宁乡王家坟山出土的戈卣堪为代表。(2)

装饰虽繁复却疏密有致，无论是卣盖、卣腹还是提梁，都集中在中线和两侧，即轮廓线上。在前后面，自提梁顶部的“云板”式双鱼尾形兽尾以下，分别是钮顶的神面、盖表神面的鼻梁和饰扉棱的象鼻、盖裙的勾牙扉棱、颈部的圆雕牺首、腹部神面鼻梁和饰扉棱的象鼻、圈足圆雕蛇首。两侧上半设提梁，正位时自顶端“云板”式双鱼尾形兽尾向下依次是提梁牺首、提梁端兽头、腹侧扉棱形兽，以及圈足双身蛇的鱼尾形扉棱；而盖侧装饰与提梁构成双层结构，当提梁倒向一侧时，盖钮顶神面的披角、盖面的扉棱形兽、提梁端兽头、卣腹扉棱和圈足鱼尾，紧凑而呼应。在前后中线和两侧之间，多浮突饰，包括神面的上眉骨、眼睛、翘耳、翘起的嘴角和浮雕蛇身，蛇身密度有所减少，浮突程度也低矮一层。

装饰元素的呼应在神面卣上表现得十分突出：前面中轴线的一路象鼻、左右的一路披角以及扉棱和扉棱形兽，均上下呼应；盖裙的蟠曲蛇和圈足的双身蛇的鳞片一致，与提梁的双列鳞纹带构成呼应。特别是蛇尾设计成鱼尾形，分别在盖裙和圈足翘出成扉棱形，既与两侧扉棱形兽一致，也和诸多象鼻端的张大呼应。其实，呼应还在于避免单调的重复。颈部牺首的披角，尽管与钮顶、盖表和腹部神面的披角一致，但提梁端兽头设计了手形角、提梁转弯处牺首为花蕊形角，俱是华丽的独特式样而非通常所见的羊角、牛角、鹿角和“C”形角等，避免了简单重复。

另外需要指出的是神面各部分为缓和突起，往往使用宽带状线条，显得神面轮廓清晰而边界欠分明。也故此，神面不施底纹，也很少在纹饰上复施线条，使整体纹饰为单层浮雕型附以圆雕装饰，突出了整体纹样。

两件神面卣造型、装饰风格完全相同，仅大小有别。同墓出土的同组器首推尊（M4：26），两卣一尊是西周早期青铜器颇为典型的组合。(3) 神面尊的装饰格局与卣完全一致，且三段式的结构同样具有构建上的对应性：腹部为母题神面纹，颈部和圈足饰同样类型的蟠蛇纹，并以相同的扉棱界隔。神面具有与卣相同的构图，包括口、嘴角、鼻、眉眼、“M”形外翘耳和披角，尤其

(2) 陆晶晶、苏荣誉：《宁乡王家坟山出土青铜戈卣及其相类器初探》，《艺术史研究》第23辑，中山大学出版社2020年，第1—60页。

(3) 卢连成、胡智生：《陕西地区西周墓葬和窖藏出土的青铜礼器》，载卢连成、胡智生、宝鸡市博物馆编辑《宝鸡強国墓地》附录一，文物出版社1988年，第470—529页。

是象鼻饰完全可以互换。不仅如此，两角之间亦设圆雕长颈牺首，上举的“S”形象鼻也如出一辙（参见图2）。方罍（M4：24）与卣、尊形成新的组合，无疑是另一种重要类型。方罍的装饰风格与神面卣一致，两者神面的布局及其嘴、象鼻、眼眉、“M”形外翘耳和披角等几乎一样；圈足的一头双身蛇和翘出的鱼尾形扉棱，与神面卣如出一人之手。但是，因造型所限，盖与体的重复性大不相同，钮顶尤其突出，罍体肩部的圆雕牺首、一对“C”形兽耳并衔环、颈部的对夔纹等显独特相（参见图3）。总体来看，方罍的纹饰和附饰较神面卣更加繁复奢华。

二　铸造工艺

神面卣结构上分腹、盖和提梁三部分，当然应分别铸造。盖与腹机械扣合，腹与提梁连接，三部分的结构都很复杂，技术难度很大。上海博物馆文物保护科技中心的丁忠明先生对卣（M4：25）进行了全方位的CT扫描分析，为深入分析此器的铸造工艺提供了坚实的信息支撑。

1.卣腹

卣腹结构最为复杂，从外表观察，品相完整，而从内壁观察，可知器物出土后经过多处焊接和做旧。就附饰而论，只能看见颈部牺首分铸，牺首颈部有近乎方形的透孔，根部有清楚的缝隙，其中部分填塞有粗糙的灰白色物质（参见图6、图7），可据以判断那是镴焊焊料，即铅锡合金，说明牺首分铸，以低熔点镴焊结合在卣颈部，张昌平早已指出这一点。[(4)]至于牺首的角和象鼻、卣腹颈部的一对半环、神面的象鼻和翘耳、侧面的高扉棱以及圈足的圆雕蛇头，则不见任何分铸痕迹，初步判断这些突出的附件或附饰为浑铸成形。

CT扫描成像显示，颈部牺首的确中空。牺首头内泥芯清晰，大块的金属被填充在牺首颈中，既未见颈部的接榫，也未见芯撑设置，应依靠颈端的芯头定位。牺首铸型组装时先固定泥芯，再组合泥范。充入牺首颈部的金属与基体的灰度值相似，可判断两种金属材质接近或一致，与表面所见认为是高密度的铅锡焊料有较大差异。结合未发现接榫的情况，基本判断牺首与卣身为铸接。从颈中金属的填充形态看，其端头毛糙（图28）；横向断面可见铸接金属在牺首根部呈柱状（图29），现象复杂，说明牺首先铸，为将牺首铸接至颈部，将颈中的泥芯掏出，并挖去了牺首内的部分。牺首颈部的穿孔是特意设计的工艺孔，虽然可以作为芯撑孔使用，但已接近颈端，支撑作用不大，其功能主要是在铸接时可作为

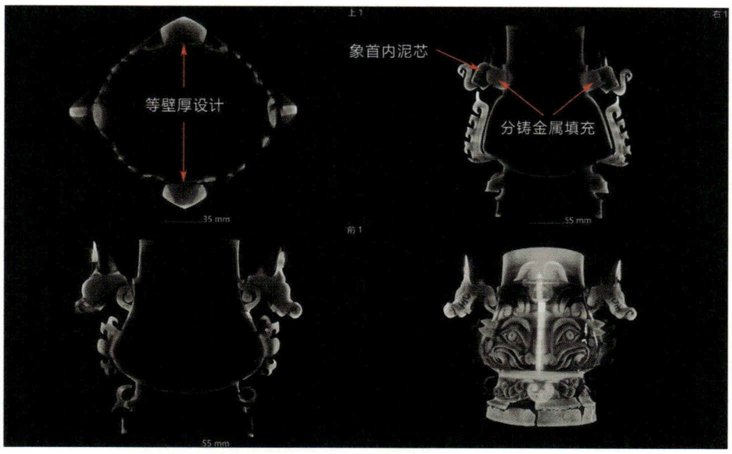

图28　神面卣M4：25　颈牺首焊接CT像（丁忠明摄）

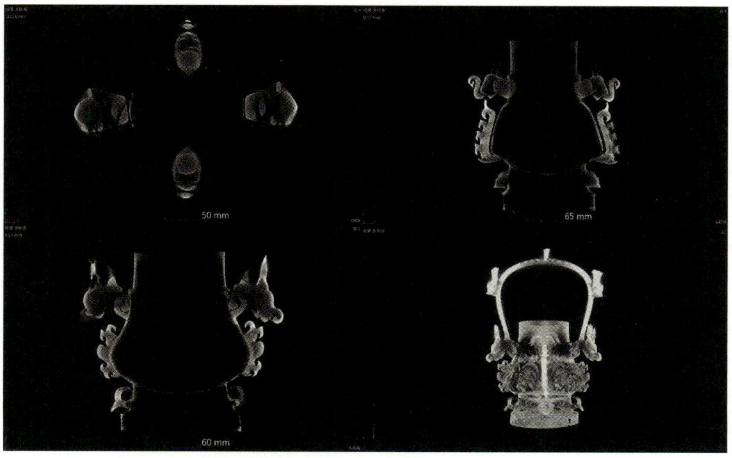
图29　神面卣M4：25　颈牺首焊接CT像（丁忠明摄）

(4) 张昌平：《商周青铜礼器铸造中焊接技术传统的形成》，《考古》2018年第2期，第88—98页。

“铸销孔”，使牺首与卣身连接牢固，防止脱落。

CT扫描图也可证实神面浮凸较高之处的内壁是相应下凹的，使得壁厚尽量均匀。圈足圆雕蛇头内部和翘出的鱼尾形扉棱中空，其中泥芯与圈足泥芯结合为一体。此外，CT扫描图中的扉棱上有较多黑点，均是气孔和缩松，它们集中在壁厚较大之处，是青铜凝固区间范围较宽处会惯常出现的缺陷，也是铸工强调器壁厚薄均匀的一个缘由。(5)特别值得指出的一点是，象鼻根部扉棱气孔最为集中，此现象提示着卣腹的铸型工艺为倒立浇注，并且也为圈足上较多气孔所佐证（参见图28、图29）。

至于卣腹的铸型结构，根据神面象鼻的扉棱和卣腹侧面扉棱上保留的部分披缝，推知是由四块腹范与一块腹芯、一块圈足芯组合而成，翘起的嘴角和耳采用了活块模范工艺，各由一块活块范嵌入腹范相应部位而成，颇类似于宝鸡纸坊头強伯墓双耳方座簋（BZFM1：7）对翘起角的处理，更接近宝鸡竹园沟強伯墓伯格卣和尊（BZM7：6-8）对翘起兽角的处理。(6)至于铸接于颈部牺首的铸型，铸造披缝信息几乎在铸后全被打磨掉了，铸型难以准确复原。

这里需要特别关注铸型中的腹芯和圈足芯。原设计的奢华装饰——神面和一头双身蛇分别为高浮雕和圆雕，为使铸件壁厚均匀和平滑过渡，减少热裂、浇不足和缩松缺陷，工艺设计措施是外面突出部分内壁相应下凹。于是，圆雕蛇头中空，蛇身内壁下凹，鱼尾扉棱根部空，神面的鼻、鼻梁和角均相应下凹（参见图11、图12、图17、图28、图29），这就要求腹芯将神面的相应部位凸出，圈足芯中包含蛇首芯、鱼尾部分芯和蛇身凸出部分。因器壁甚薄（通常器壁在2毫米至3毫米之间），所以两件泥芯必须能与范准确配合，才不会变成废品。因此两件泥芯都需要以芯盒（core box）翻制，而芯盒即是通常所说的母范或范母。母范的形成需要祖模，它与卣的原始模应具有孪生关系，甚或是同一件，迄今尚未见在铸铜遗址中出土。即使如此，神面卣（M4：25）的腹内依然可以看到若干补块（参见图11、图12），它们很可能是铸型组合时发生错位或者产生较大气孔缺陷，去掉范、芯后的补铸。

神面卣底部铭文也是铸造出来的，是一活块范嵌在腹芯端头所成，这活块范也翻自一块模。在安阳孝民屯商晚期铸铜遗址和洛阳北窑西周早期铸铜遗址中，都曾发现了铭文范，(7)但迄今还未发现铭文模。

2.卣盖

前文已提及，神面卣盖与腹的设计具有一致性和对应性，铸造工艺也应如此。但严格对照两器，二者的差异也很明显。CT扫描结果（图30）说明盖的铸造工艺设计着重于形象，盖裙高浮雕蟠曲蛇的内壁并未相应下凹，鱼尾形扉棱也未如圈足那样将根部设计成中空。和腹部情形相类，盖上神面的象鼻和相对的扉棱形兽也都实心。盖内的条形下凹是神面鼻梁的缩孔（参见图24）。然而，长轴两端的凹坑，显然是两侧扉棱形兽头所在位置，也是为减小壁厚梯度而设计的泥芯的突出。

X-CT检测发现，钮与盖面连接处浑然一体，为浑铸。盖钮内设泥质盲芯，盲芯置于从钮顶部的神面至下部的圆柱与盖面连接处。盲芯内还存有裂纹等缺陷。盖钮从上至下，分布三层

(5) 苏荣誉：《商周青铜铸造泥模范的七个问题》，载丹羽崇史编《対照実験を主轴とした：东アジア铸造技术史解明のための実験考古学的研究》，国立文化财机构奈良文化财研究所2020年，第40—59页；《南方文物》2020年第3期，第235—244页。

(6) 苏荣誉等：《強国墓地青铜器铸造工艺考察和金属器物检测》，载卢连成、胡智生、宝鸡市博物馆编辑《宝鸡強国墓地》附录二，第534—548页。

(7) 中国社会科学院考古研究所安阳工作队：《2000—2001年安阳孝民屯东南地殷代铸铜遗址发掘报告》，《考古学报》2006年第3期，第351—381页。洛阳市文物工作队：《1975—1979年洛阳北窑西周铸铜遗址的发掘》，《考古》1985年第5期，第439页。苏荣誉、廉海萍：《安阳殷墟时期青铜铸造与青铜鼎》《西周早期青铜铸造与青铜鼎》，载河南博物院编《鼎盛中华：中国鼎文化》，大象出版社2013年，第230—247、248—263页。岳占伟、岳洪彬、刘煜：《殷墟青铜器铭文的制作方法》，《中原文物》2012年第4期，第62—68页。

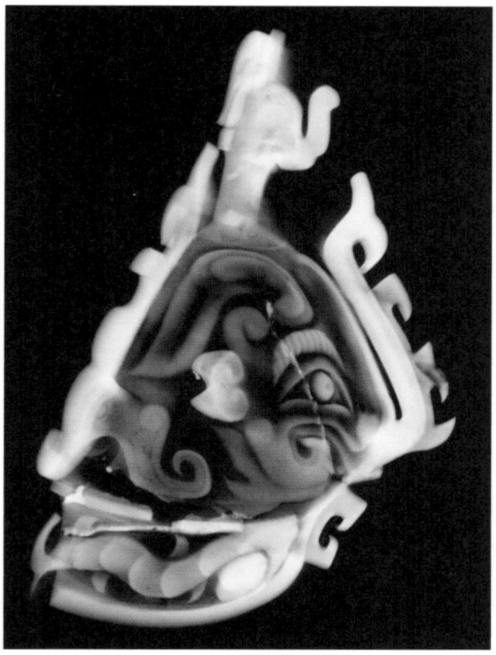

图30 神面卣M4：25 盖CT像（丁忠明摄）

和卣腹一样，盖神面外翘的嘴角和耳，均是活块范嵌入盖四分范中，与盖芯、两象鼻根内盲芯和钮芯组成铸型浇注成形的。固定活块范的方式尚不明朗，但CT扫描却发现了垫片支撑活块范的实例。翘耳之下都存在不规则形状的垫泥芯撑：上层在兽头顶部，四个芯撑均匀分布，芯撑头朝上，均被金属包裹在内；中间层四个，在双耳的上部（即象鼻根部的上侧），有两个同侧的芯撑未被金属包裹，已与外范接触；下层四个，在双耳的下部（即象鼻根部的下侧），也有两个芯撑未被金属包裹，与中间层未被包裹的两个芯撑在同侧（图31）。十二个芯撑的形状相同，都是楔形（或四棱锥形），属于丁忠明等发现的定位芯撑，其功能是控制器物壁厚，防止盲芯严重移位而造成铸造失败。

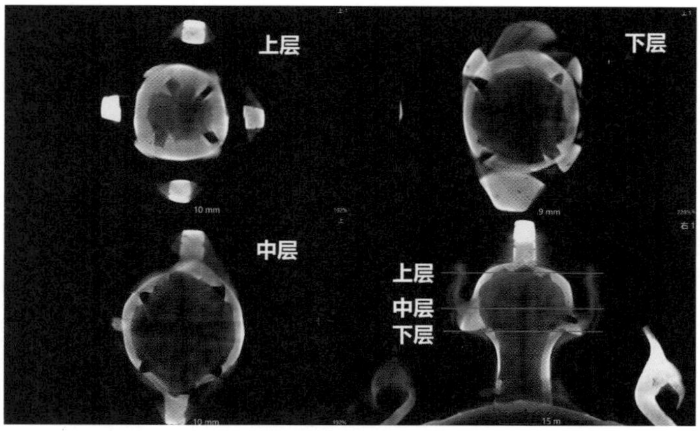

图31 神面卣M4：25 盖纵剖面CT像（丁忠明摄）

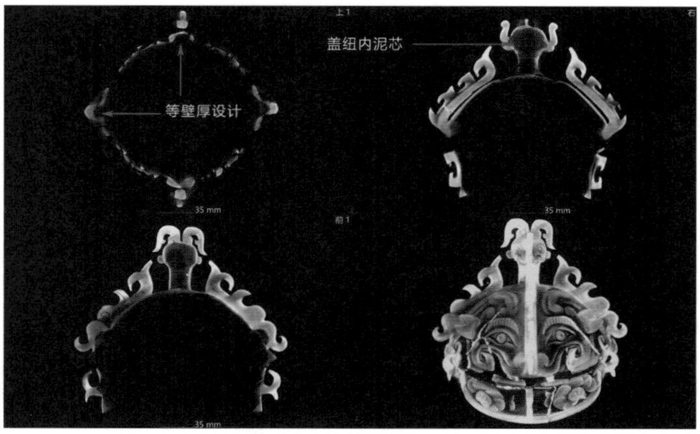

图32 神面卣M4：25 盖神面CT像（丁忠明摄）

整体而言，上部神面的壁厚均匀，但下侧的圆柱壁厚相差很大。图31中，左边壁薄，右边壁厚。笔者判断壁厚薄不一是由于盲芯设置中没有得到很好支撑，所以中层与下层的定位芯撑往一侧倾斜，与外范接触。另可见左边近盖面有一规整的补块，壁也明显偏厚。由于钮盖浑铸，钮上除了上述三层定位芯撑外，未见承持芯撑，故判断该处规则的补块是原承持芯撑的位置。后铸补以掩盖泥芯外露的痕迹。这一现象与皿方罍中盖钮内设置有两种功能的芯撑情况一致[8]，也足见工匠制作的一丝不苟。

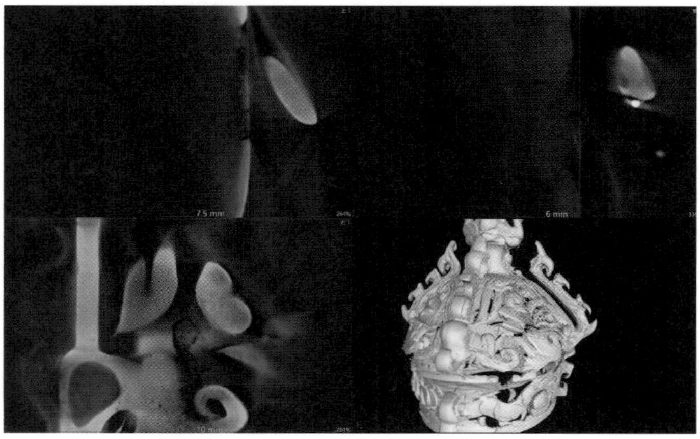

图33 神面卣M4：25 盖神面CT、3D像（丁忠明摄）

(8) 丁忠明等：《X-CT 技术透视皿方罍制作工艺》，《江汉考古》2021 年第 4 期。

片，与器壁等厚，边界十分清晰（参见图31—图33）；其中一枚垫片形近长方，三边与盖壁或有间隙，但在干涉作用下缝隙甚大；另一枚形状不规则，中间还有缩松（图34），同样存在干涉因素增大了缝隙。此外，在盖顶中央的圆圈内也设有垫片。盖内侧是铭文“作宝彝”，其四周均匀设置四个垫片，用以确保铭文的成形（图35）。

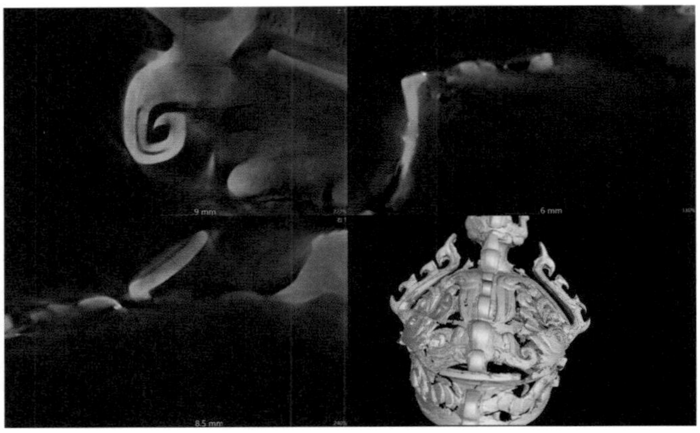
图34 神面卣M4：25 盖CT、3D像（丁忠明摄）

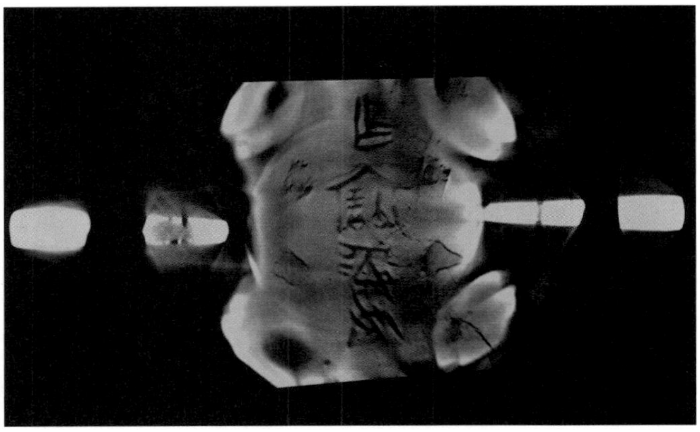
图35 神面卣M4：25 盖CT像（丁忠明摄）

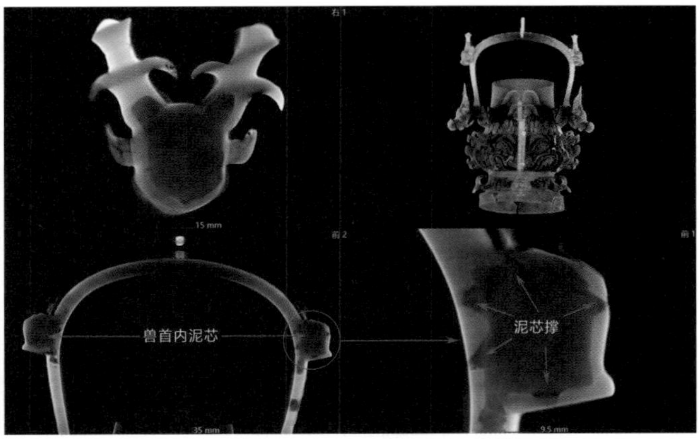

图36 神面卣M4：25 盖CT像（丁忠明摄）

3.提梁

神面卣的提梁与腹、盖的繁复华丽相匹配，堪为商周青铜器中最复杂的提梁。X-CT扫描结果表明，这件提梁的兽头和附饰全部是浑铸完成的，出土时即颇为完整（参见图28、图29）。

提梁端部兽头中空，兽舌中空，耸立的手形角下段也中空，它们的泥芯与兽头内空腔的泥芯一体，自兽额起有突榫。上段的阴影若是盲芯，需要芯撑或垫片，也可能是缩松的影像。顶端中空并有缺失，或许出土时残缺，中间白亮块可能是镴质，当是修复时的焊接和补配。与另一端的兽头对照，舌应为修复后配的树脂质。

提梁转弯处的牺首中空，其中有大盲芯，并深入到提梁本体一半以上的厚度。牺首内的提梁表面毛糙，说明牺首泥芯的内表面未曾经意加工。牺首内壁颇为平滑，显然经过着意加工，但还不够精心，以致牺首壁厚出入较大，最薄处约1毫米，局部厚处达6毫米。牺首的一对花蕊大角的下段中空，其泥芯与牺首内泥芯一体。从横截面看，双角泥芯的形状出入较大，形状不规则，故壁厚不一。横截面也清晰地表现出一组锥形泥芯撑（图36），数量有五六个之多，一侧的牺首下颏设有较大泥芯撑。

此外，从CT扫描图上还可看到提梁弯处牺首周围有若干较大的气孔和缩松，两侧都有，可能与牺首的设置有关，当然，也与提梁厚度超过10毫米时易于产生此类缺陷有关。提梁顶部的“云板”式双鱼尾在CT扫描图中呈现出的断裂，可能是由提梁出土后残缺处以树脂补全所致。

提梁弯转处的牺首与提梁完全一体（参见图27、图36），牺首后没有如宝鸡竹园沟伯格卣那样，有一道水平披缝，意味着提梁半边的铸型由内侧一块范和外边兽头上一块范、兽头下一块范和兽头外一块范构成。[9]这样的分型结构暗示着

（9） 苏荣誉等：《弜国墓地青铜器铸造工艺考察和金属器物检测》，载卢连成、胡智生、宝鸡市博物馆编辑《宝鸡弜国墓地》附录二，第540—544页，彩版30.2。

这一牺首是实心（X光未能穿透）。神面卣提梁弧弯处的牺首明确中空，且无披缝存在，说明牺首很可能是以活块范的形式嵌入到提梁铸型中成形的。而提梁的铸型当沿顶端“云板”式双鱼尾中心对分，一块底面铸范和两块对开范组成主体铸型，其端头衔接两兽头铸型而弧弯处包括两牺首的活块铸型，它们的分型大概沿双角分前后，前后均再沿鼻梁对分，四块范与其中泥芯组成完整铸型；弧弯牺首铸型包括盲芯，需要泥芯撑支持；而两端兽头铸型中的泥芯从颈下伸出包络并穿过颈部半环，浇注后与卣腹连接。

就铸型工艺看，奢华神面卣的对称结构和商周时期大多数四道扉棱卣的基本结构相同，因为要向外翘出嘴角和耳，所以采用了活块范，将活块范组合到四分范中。又因为翘出象鼻且多兽头类装饰，除颈部牺首采用先分铸再铸接外，其余基本用浑铸。鼻根、手形角、花蕊形角和神面钮中多了盲芯且形状复杂，至于圆雕牺首、高浮雕鼻梁、角和蛇身等处，芯的造型则更为复杂。

如此复杂的铸型，遗留在器表的披缝却很少，几乎仅见于象鼻扉棱和两侧扉棱，且在扉棱的透孔内侧（参见图8—图10、图20、图21），象鼻外侧的披缝不存（图37），说明神面卣铸后经过了仔细打磨，尽力将披缝抹去。这一工作量应该很大，体现出工匠铸造一件精品的精心和努力。

图37 神面卣M4：25 盖面象鼻（郝勤建摄）

与神面卣同组的尊（M4：26），造型和装饰风格与神面卣一致，铸造工艺应相同。牺首明显属于分铸，长颈上有横向对穿（参见图2），与神面卣颈部牺首明显一致，牺首分铸成形后铸接于尊体。其他复杂的附饰包括神面的象鼻、外翘的“M”形耳和复杂的扉棱，均属浑铸成形。可以推知，腹部神面高浮突的外表，内壁相应下凹，圈足亦应如此。翘耳和翘起嘴角以活块范嵌入尊范实现，翘耳下和底部应有垫片的使用。当然，方罍（M4：24）的结构和装饰复杂得多，铸造工艺和铸型工艺均更复杂。[10]

通过上述风格和工艺分析，我们可以推断，神面卣的确是某个或某组铸工挖空心思、以高超技艺完成的作品，同组的尊和方罍应是同时设计、同步或先后制作的。虽然我们迄今对铸造或金工工匠的分工与协作还茫然无知，但鉴于完成这四个铸件的工作量巨大，我们可以进一步推断，它们应该是一个工匠群通力合作的产品。

附识：本文是《青铜神面卣研究——兼及相关风格和装饰的渊源与工艺》一文中关于羊子山神面卣造型风格与铸造工艺的节选。原文近十万言，对各种造型风格和工艺因素展开分析、对比和渊源关系的梳理、辨识，并对若干装饰方式和因素进行新的辨析，将另行发表。

(10) 苏荣誉、童凌骜：《藤田四器研究》，载苏荣誉：《中国青铜技术与艺术》（丁酉集），上海古籍出版社 2019 年，第 133–135 页。

书苑猎真

General introduction to some books

撰文/张辑

《中国北方边疆地区的史前社会：公元前一千年间身份标识的形成与经济转变的考古学观察》

［以色列］吉迪著，余静译，中国社会科学出版社，2012年5月第一版。

在公元前三千纪和公元前二千纪之间，在一片包含当代中国、韩国、蒙古的部分地区以及俄国的东南部的广袤地区范围内，虽然社会的发展程度各不相同，但建立在各自社会结构和经济体系上的政治制度却有很多共同点。然而，在此后的一千年中，中国的北方边疆地区，即包含今河北、山西、陕西、甘肃的大部分地区、内蒙古、辽宁和吉林西部以及黑龙江的新月形地带，在日常生活（包含经济层面）未发生太多变化的同时，人群的特征和宗教行为却发生了戏剧性的变化，形成了鲜明的周人与非周人的身份认知。

北方地带的经济与社会体系并未发生突变，而是在原有体制内部继续发展。养殖和放牧技术的发展，使生态资源的利用更为有效，但并未取代当地原有的农业活动。与之相反，其意识形态则发生了剧烈的变化：不同的社会属性通过个人的穿戴等物质化的表象来显示；性别及与地位相关的属性主要通过丧葬仪式来体现。畜牧经济所代表的思想意识通过“动物风格”的装饰及马在仪式中的使用等外在形式体现，促进了非周人群体身份标识的建立。

更普遍的种族属性则在北方地带与外部社会之间的跨地区及远程交流的背景下得以构建。在日益增长的跨地区交流中，中原地区和北方地带均存在着借用外来的表现形式来体现自己的体系，并使之合理化的现象。在北方地带，继续使用并发展地方属性，同时借用西部草原地区在受到来自南方的政治压力时期建构的地方属性，均可以视为加强自己身份标识的行为。

《柴尔德：考古学的革命》

［加拿大］布鲁斯·G.特里格著，何传坤、陈淳译，中国人民大学出版社，2020年2月第一版。

知名考古学家柴尔德一生著作浩瀚，不过因其研究的重点和方向多变而充满争议。立足于当时高度成熟的西欧考古学学术传统，同时受到苏联马克思主义考古学和美国人类学的双重影响，柴尔德坚持将考古学视为一门科学学科，同时认为考古学必须发展成为一门关于人的学科。作为社会科学的组成部分，考古学应当关注社会是如何发展的，研究“社会变迁动力”和“社会生活长期趋势”必须依据考古材料。

柴尔德坚称，考古学是有关史前时期生活物质基础的独一无二的信息来源，而且它能论证文化的长期演变。因此，它能为科学史研究以及人类制度的科学观察提供材料。柴尔德后来提出了考古学的三个主要目标：（1）描述史前社会标准的行为方式；（2）这些社会的历史；（3）作为当今人类所继承的共同文化传统的贡献。他认为，比较各种文化传统之间的共同特征而舍弃不同特征，这就有可能从考古材料中提炼出一般性演化规律。

柴尔德强调，考古学家不应将文化作为静态的实体来研究，而是要将其看作是随时间而变化的系统。他相信，基于一种共同分类系统的考古学和民族学之结合，最终可以用一套新的、统一的概念和理论把人类学中的功能论、传播论和进化方法融会贯通。

柴尔德时常对从社会价值或实用性来证明考古学的正当性表示关切。他深信，缺乏发达的社会科学是人类无法控制自己的社会环境这一问题产生的主因，同时期望历史学和考古学能有助于建立一种“进步的科学”，以满足社会之需求，即便它无法成为一种精确的或数学的科学。

《性审判史》

［美国］埃里克·伯科威茨著，王一多、朱洪涛译，南京大学出版社，2015年5月第一版。

毫无疑问，自有人类以来，与性有关的问题就相伴始终。性不仅给人类带来了生命的愉悦和繁衍的可能，也给人类带来了诸多困惑与难解命题。法律作为解决人类基本问题的最终手段，显然要承担起它的职责，进行性的审判。对于性的审判涉及楔形文字法、教会法、古希腊法、罗马法、印度法、中世纪城市法、伊斯兰法以及近现代英美法系、大陆法系等各大法系。除了众多构成文本主体的著名案件，参与叙述的还有诗歌、戏剧、小说、百老汇舞台剧等多种文艺素材和事件。

性的审判史也折射了西方法哲学的发展与演进历程。19世纪，一系列与性有关的犯罪与刑罚问题被提升到考验人性的高度，而当时西方法治的方向正是以人的存在与需要来评价法律的合理性，法治在理论上应是与人性相一致的规范体系。19世纪中叶法律实证主义兴起，使得自然法哲学变成了实在法哲学，简单概括这一转变就是从正当性到有效性。正当性带有道德哲学的意味，有效性则是在道德之外完成单纯的法律建构。

风俗、伦理、道德、文化、政治、人性等因素在人类历史上对性问题都产生了重要影响，然而法律作为捍卫人类幸福的最后屏障与促进社会发展的强力保障，对于性问题的态度与处理方式显得尤为重要。性与法律的关系，在很大程度上印证并推动着人类社会的文明与进步。

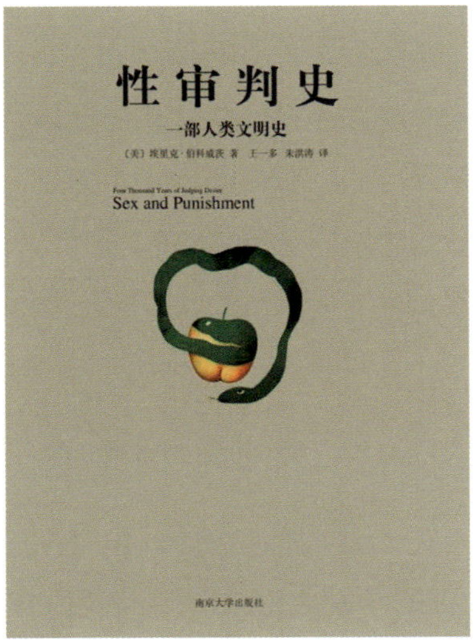

《秘境之国：寻找消失的古格文明》

张建林著，西北大学出版社，2019年7月第一版。

公元9世纪中叶，随着吐蕃王朝的分崩离析，西藏各地区出现了众多各自为政的割据政权，包括西藏西部阿里地区的古格王系、布让王系、拉达克王系，以及占据拉萨的拉萨王系，固守山南地区的亚隆觉阿王系和偏居青海的唃厮罗部。世人对于古格文明的了解受限于汉藏文献的稀缺，直到1979年以后，中国考古学介入才使这一“阿里地区文明”的历史得以揭露。以札达盆地的象泉河谷地及其支流的河谷地带为核心地区，以古格古城为中心呈放射状分布的城堡、居民点和寺院遗址便是了解古格文明的第一手材料。

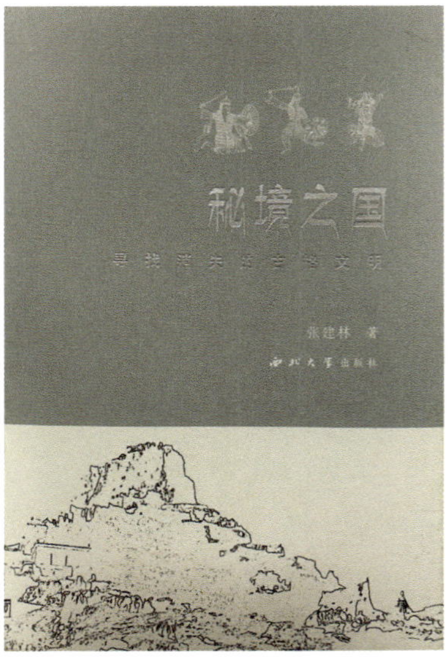

现今发现的古格文明物质遗存包含了高低相宜、分布合理的王宫，错落有致的房屋，形形色色的窑洞，四通八达的通道和极具代表性的佛教艺术。所有藏文文献对于古格王国历史的记载实际上都是一部佛教史，在这近七百年的王国史中，古格王国始终保持着西藏西部佛教文化中心的地位。古格地处多种文化的交汇地带，其艺术在保有西藏传统的同时又受到了印度、克什米尔地区的强烈影响，形成了具有强烈表现力的“古格流派”。

古格王国以宗教兴，因宗教亡，佛教与异教或佛教不同教派之间的斗争始终贯穿着古格历史的始末。阿里地区的考古发掘工作，不但对研究古格历史具有重要的价值，而且对研究西藏历史、西藏同其他地区的交往史，藏传佛教艺术的发展与流传等方方面面都有着非常重要的价值。

《哥哥洞窑与哥窑现象》

钟凤文著，文物出版社，2019年11月第一版。

相对于其他历史名窑，哥窑瓷器因其特殊的开片之美成为众多制瓷者竞相模仿的对象，而与其相关的文献记载纷繁复杂，使其真实身份成为中国陶瓷史上众说纷纭的难题。通过对历史文献的考释，实地、实物的观摩，笔者认为文献和实物均将哥窑指向元代的民窑。

哥哥洞窑是哥窑最初的、完整的窑名，“哥哥”是哥哥洞窑所在地杭州的口语“这个”的谐音，是元代工匠为顺利使私自烧造的民窑瓷器进入商品流通而使用的特殊手段。哥哥洞窑，即老虎洞窑，可简称为“哥哥窑（这个窑）”，也可急读为“哥窑（这窑）”，都不会影响窑名的意义。但随着“哥”字词义的演变，“哥窑”很容易被误读为“以兄故也”，最终以讹传讹演变为章姓兄弟瓷窑的传说故事。

弄清楚了哥窑的真实身份，官、哥之分也不再是难题了。传世器物和窑址遗存清晰地显示了官、哥的“制”不同，“制”成为区分官哥的重要标准。由“制”而发生的技术革新，使官、哥窑产物出现不同面目。杭州人高濂清晰地指出了“紫口铁足”，说清楚了开片种种，其提出的鳝血纹、墨纹、细碎纹的三级分法成为今后品评哥窑片纹的标准。

哥窑反映了宋元交替和元明交替的历史变局，哥窑瓷器及其带来的一系列社会现象折射了明代社会的变化。对于哥窑的研究也因此超越了对于器物本身的探讨。

书道博物馆

书道博物馆位于日本东京都台东区根岸地区，分本馆和分馆。我们通常所说的书道博物馆指的是本馆，以收藏展示中国的金石文物和书法作品为特色，堪称中国、朝鲜、日本书法史研究方面最重要的专门博物馆；分馆为中村不折纪念馆。

1936年，日本书画家、收藏家中村不折（1866—1943）在自己的住所创办了书道博物馆。明治二十八年（1893），中村不折作为“日清战争”（即甲午战争）随军记者来到中国，其间用长达半年的时间周游了中国和朝鲜，目睹了大量的书法真迹和文物遗迹。这对他日后的书法创作产生了深远影响，也从此开启了他的收藏事业。

书道博物馆成立后，运营经费来自中村不折自己的书画润笔，藏品则以他四十年间的收藏为主，包括甲骨、青铜器、铜镜、玉器、陶器、佛像、砖、瓦当、石经、墓志、碑碣、封泥、玺印等金石类文物，以及碑拓法帖、经卷文书、文人书画等纸本文物。藏品总数达16000余件，其中重要文化财12件、重要美术品5件。主要集中在写经文书方面，如《法句譬喻经卷第三卷残卷》《佛说菩萨藏经卷第一残卷》《摩诃般若波罗蜜经卷第十四残卷》，堪称世界级收藏水准。王献之《地黄汤帖》、颜真卿《自书告身帖》、隋代《董美人墓志铭》初拓本，以及西周时期的小克鼎、史颂簋，都是美术史上的经典名品。

在成立后的将近六十年时间里，书道博物馆一直由中村家族维持运营，直到平成七年（1995）被捐赠给东京都台东区。平成十二年（2000）4月，书道博物馆以全新面貌开馆。

撰文、摄影/未央

开馆时间：9:30–16:30（16时停止入馆）

闭馆日：周一闭馆（遇节假日则顺延至周二）

门票：普通票500日元（20人以上团体每人300日元），中小学生票250日元（20人以上团体每人150日元）。

地址：日本东京都台东区根岸2–10–4

电话：03 (3872) 2645

网页：http://www.taitocity.net/zaidan/shodou/

根津美术馆

根津美术馆是位于东京都寸土寸金的表参道的私人美术馆。创始人根津嘉一郎（1860—1940）是东武铁道社长，属于当年的新贵实业家。出生于山梨县的他，从小就显露出对古美术品的浓厚兴趣。自明治二十九年（1896）移居东京以后，他在从事实业和政治活动的同时，也在古美术品的收藏方面倾注了大量心血。他的收藏品很有代表性，反映了那个时代东亚古物收藏圈的喜好：中国商周青铜器、宋元绘画、宋代瓷器、佛像雕塑；日本的书法、漆器、茶具、刀具、染织服饰等。而他的理念是“与民共乐”，从最初的向友人展示自己的收藏，逐渐演变成为建造美术馆来回馈社会民众的宏愿。1940年，其子根津嘉一郎二代遵从父亲遗愿，将家族私宅改建成了美术馆。

1941年，根津美术馆正式对外开放。1945年，由于战火，根津美术馆的大部分展室和茶室被焚毁，博物馆的主体建筑于1954年重建，并于1964年扩建。1991年，为了纪念美术馆成立50周年，总体建筑得到了进一步的翻新和扩建。2006年开始，在现任馆长根津公一的带领下，美术馆花了3年多的时间，再次对主体建筑进行了重建，并对库房等处进行了翻新。

根津美术馆的庭园被誉为“城市绿洲”，具有曲径通幽趣味的花园和淳朴田舍风情的茶室，为漫步其间的人们带来了荡涤心灵的享受。

根津美术馆成立之初，有藏品4643件。而到2016年3月，藏品总数已达7420件，其中包括日本国宝7件、重要文化财87件、重要美术品94件。馆内收藏了大量中国珍品，如商代的青铜双羊尊、饕餮纹方盉，南宋的《鹌鹑图》《渔村夕照图》等名迹。特别是在新增藏品中还有一部分是他人的捐赠品，充分说明了捐赠人对根津美术馆的认可和信任。

撰文、摄影/未央

开馆时间：10:00–17:00（16:30停止入馆）

闭馆日：周一闭馆（遇节假日则顺延至周二）

门票：普通票1100日元（特展票1300日元），高中以上学生票800日元（特展票1000日元），初中生及以下免票。

地址：日本东京都港区南青山6–5–1

电话：03（3400）2536

网页：http://www.nezu-muse.or.jp

《上海文博论丛》（总第51-52辑）目录索引

主题与专栏

特别报道

文博笔会

新闻与发现

文物新视野

文明与交流

亚洲人文

江南史地

域外萍踪

探索与分析

文博论坛

科技园地

书籍评论

海外博物馆